中 国 纪 念 馆 故 事

丛书主编　沈　强　朱成山

淮海战役纪念馆故事

主编　蒋越锋

南京出版传媒集团
南京出版社

图书在版编目(CIP)数据

淮海战役纪念馆故事 / 蒋越锋主编. --南京：南京出版社，2014.12

（中国纪念馆故事 / 沈强，朱成山主编）

ISBN 978-7-5533-0704-6

Ⅰ.①淮… Ⅱ.①蒋… Ⅲ.①淮海战役（1948～1949）-纪念馆-徐州市-青少年读物 Ⅳ.①K878.23-49

中国版本图书馆CIP数据核字（2014）第227363号

丛 书 名：	中国纪念馆故事
丛书主编：	沈　强　朱成山
书　　名：	淮海战役纪念馆故事
本册主编：	蒋越锋
出版发行：	南京出版传媒集团
	南　京　出　版　社
社址：南京市太平门街53号	邮编：210016
网址：http://www.njcbs.com	电子信箱：njcbs1988@163.com
联系电话：025-83283893、83283864（营销）　025-83112257（编务）

出 版 人：	项晓宁
出 品 人：	卢海鸣
责任编辑：	杨福彬
装帧设计：	乔　伊
策　　划：	博士工作室
责任印制：	杨福彬

排　　版：	南京展望文化发展有限公司
印　　刷：	南京京新印刷有限公司
开　　本：	718毫米×1000毫米　1/16
印　　张：	13.25
字　　数：	163千字
版　　次：	2014年12月第1版
印　　次：	2022年7月第3次印刷
书　　号：	ISBN 978-7-5533-0704-6
定　　价：	40.00元

用微信或京东APP扫码购书

用淘宝APP扫码购书

营销分类：教育·旅游

丛书总序

中国纪念馆应成为开展公共外交的平台

今年年初,成山同志邀请我为即将出版的《中国纪念馆故事》系列丛书作序,并告知中国目前已有1000多家各种类型的纪念馆。

纪念馆对国内观众是学习历史、缅怀先人、传承文化的重要场所,对外国观众则是中国开展公共外交不容忽视的平台。

公共外交和政府外交组成国家的整体外交。"简言之,中国公共外交的基本任务是向世界说明中国,促进外国公众认识真实的中国——包括中国的文化传统、社会发展、经济状况、政治体制和对内、对外政策等。"[*]在这当中,向世界说明中国的历史,尤其是说明近代史中的重大事件和历史人物是顺理成章的。

中国纪念馆应该成为开展公共外交的优势平台。随着我国社会经济的快速发展,中国国际交通的愈加便利,越来越多的外国人士来到中国。很多人到达一座城市,往往要参观各种各样的纪念馆,甚或在纪念馆座谈研讨、深入交流,以获得我国的历史文化知识和各种其他信息,从而加深对中国的了解,形成各种各样的印象。在纪念馆中参观交流的过程,实际上就是公共外交的实践过程,只是参与人可能并未意识到而已。当前,我国正处在文化事业大发展的时期,相信中国纪念馆的阵容会越来越强大,开展公共外交的前景会越来越宽阔。

中国纪念馆发展到今日已经具有开展公共外交的良好条件。

---

[*] 赵启正著:《公共外交与跨文化交流》,中国人民大学出版社2011年版。

更可贵的是，许多纪念馆已经有了强烈的开展公共外交的意识，十分注意跨文化交流的方法创新，主动为来馆的外国人服务。据悉，仅以侵华日军南京大屠杀遇难同胞纪念馆为例，去年共接待了563万观众，其中有40多万人次来自世界上95个国家。为此，他们不仅配备了12种语言的语音导览器和《展馆简介》，还专门招聘和培训了英、德、日、韩等语种的讲解员。该馆所有的展品和标识都用中、英、日三种文字标注。不仅如此，他们十分看重国际交流，经常在国内外组织和参加国际学术研讨会和史料展，不仅吸引了学者到会，也有南京大屠杀幸存者参加。这些年，他们到过日本、韩国、印度、孟加拉国、以色列、波兰、美国、意大利、丹麦、俄罗斯、菲律宾等国，进行了历史文化与和平友好的广泛交流。这些都属典型的公共外交活动。

各国纪念馆的设计都尽力协调对内和对外的传播。英国曾经在20世纪90年代的中后期，通过通商、观光（包括各种纪念馆）、文化振兴来强化公共外交。他们在发展旅游业的同时，没有忘记着力唤醒国民的自豪感，以此努力刷新英国"保守顽固的阶级社会"的旧国际形象。"9·11"事件以后，美国强调重振公共外交，注意到表达的手段要适合青少年。英美两国的这些做法，几乎与中国纪念馆的工作重点与对象完全一致，除了对外交流，还以本国青少年为对象进行教育，唤醒国民爱国主义的自豪感、责任感和自信心。

用讲故事的方式传播历史文化，开展公共外交，是一种好的

丛书总序

方法。公共外交可以更为宽松、生动和灵活地采取多种形式在多种场合发出声音，讲述本国的"故事"。许多历史事件与文化现象往往比较复杂，如用心不够，讲解起来会枯燥、呆板。如果通过纪念馆忠于史实的再描述，把它们变成一个个有情、有景、有味、有吸引力的故事，再配之于一幅幅图片，使历史人物或者历史事件鲜活起来，才能易于人们，尤其是外国人听得明白。

出版这套书是一件值得肯定和支持的好事。我相信《中国纪念馆故事》的出版问世，一定会引起社会各界的重视，也为我国开展公共外交增添一抹亮丽的色彩。

（作者原为中国国务院新闻办公室主任，现任中国人民政治协商会议常委、外事委员会主任，兼任中国人民大学新闻学院院长）

1-3	前言

4-61	第一篇 文物故事——见证光辉的红色历程

62-93	第二篇 英烈故事——讲述不朽的生命传奇

6	电报稿：电波声里定乾坤
9	勋章：佩剑将军回"娘家"
12	奖旗：身躯架起胜利桥
15	门板：连接胜利的桥板
18	战防枪：铜墙铁壁阻援敌
21	残墙：攻克最后的"营垒"
24	自制武器："原子炮弹"显神威
26	铁锹：地平线下的战斗
29	机枪：团结就是力量
32	密函：秘密战线结硕果
35	马鞭和马镫：跃马扬鞭打坦克
38	保温桶：热饭热菜送温情
41	医疗器械：白衣战士的战地情
44	小竹竿："普通"的一级文物
47	狗皮、蓑衣、葫芦瓢：支前民工的"三件宝"
50	簸箕：儿童团员碾米忙
53	奖旗：妻送郎君上战场
56	棉袍：战场上的"急救包"
59	木棍：拄着木棍抬伤员

64	晋士林："虎团长"只身入虎穴
67	张树才：解放战士飞身炸地堡
70	储有富：战斗模范奋勇堵枪眼
73	李方兴：侦察员涉水摸敌情
76	宋纪志：通讯员孤身救营长
78	阎世华：阎排长火烧敌坦克
82	孔金胜：英雄排长血战大王庄
85	陈洁：文工团员战地救伤员
88	高全忠：支前队长舍身护粮车
91	周镐："特别党员"从容赴刑场

目 录

第三篇　亲历者故事——再现激情燃烧的岁月

96	金正新：当时我就被炸昏了
99	许克杰：我们胜利地接收了110师起义部队
102	邵淦溪：这是我交的最后一次党费
105	钱树岩："总司令"可能走了
108	蓝洪安：这个战役对我们来说非败不可
111	左三星：他是为我而死的
114	陈肃：小坦克送炸药
117	申维清：你们饿不饿？我们这有馒头
120	迟浩田：我只是个幸存者
123	张永昌：这次任务历时4个月

第四篇　遗址故事——探寻足迹中的轨迹

128	总统官邸：南京与徐州的"面和心不和"
132	运河铁桥：一场混乱不堪的撤退
135	窑湾：国民党第63军的不归路
138	道台衙门：荒唐的祝捷大会
141	福音堂：一个天大的玩笑
144	碾庄：司令官到哪里去了
147	南坪集大桥：进与退的无奈选择
151	尖谷堆：炮火磨平的土堆
154	黄沟：难道真的是"天意"？
157	陈官庄：从"困"到"囚"

160-199

第五篇　纪念馆人故事——让历史在我们手中传承

200-201　淮海战役烈士纪念塔碑文

162 | 我参加了纪念馆的筹备工作
166 | 照片往事
170 | 从"仓库"到"库房"
173 | 一次难忘的征集
177 | 烈士名录背后的故事
181 | 纪念馆新馆建设中的小插曲
184 | 一幅"大画"的诞生
188 | 在迎接文物定级的日子里
192 | 我讲解，我自豪
196 | 淮塔园林的明珠——青年湖

前言

　　毋庸置疑，淮海战役对中国历史产生了深远的影响。

　　毛泽东说，"此战胜利，不但长江以北局面大定，即全国局面亦可基本上解决"；蒋介石以"冬日饮寒冰，雪夜渡断桥"描述了战败的心情；斯大林写下了"60万战胜80万，奇迹，奇迹，真是奇迹"的感慨，表达了对中国人民解放军的赞叹；而更多的外国媒体则以"这标志着一个时代的结束"为内容，报道了淮海战役的胜利对中国的影响。

　　淮海战役已过去了65年。今天，在构建社会主义核心价值观、进行爱国主义和革命传统教育、激励人们为实现"中国梦"而努力奋斗等方面，淮海战役的历史发挥着不可替代的作用。它和辽沈、平津战役一同被列为影响中国的100件大事；它的身影常常出现在书店和图书馆的书架上。值得注意的是，在大多数书籍中，官方的描述理性而厚重，民间的叙述则更多地反映出一种自娱自乐的倾向，让人感受到历史在岁月中沉淀的同时，似乎也感受到了历史与现实的疏离。某种程度上说，这是规律。但对于秉承传承使命的纪念馆人来说，如何让宝贵的历史财富在新时期走近社会，走近大众，走近生活，特别是走近青少年，发挥更大的作用是永远的工作主题。于是，在接到侵华日军南京大屠杀遇难同胞纪念馆朱成山馆长邀我们馆编撰《中国纪念馆故事》的电话的时候，我感受到了一种默契。

　　用故事的形式讲述历史，无疑是让历史走进现实，拉近历史和大众之间距离的卓有成效的方式。因此，在编撰这本书的时候，我们牢牢把握住"故事"两个字，试图把影响历史的大事件撰写成影响人生的小故事。本书共设置了"文物故事"、"英烈故事"、"亲历者故事"、"遗址故事"和"纪念馆人故事"五个栏目。这些栏目既相辅相成又各成系统，以人和物为线索，从不同侧面展示了先辈创造的那段历史及后人对那段历史的认识。

"文物故事"讲述了胜利者的光辉历程，"英烈故事"歌颂了英雄的精神，"亲历者故事"再现了生命的传奇，"遗址故事"展示了失败者的惨淡经历，"纪念馆人故事"则展示了一代又一代的纪念馆人为事业的传承在平凡岗位上的辛勤耕耘。我们希望读者从这些小故事中获取成功的经验，感受失败的教训，接受精神的熏陶，探索生命的意义，领略历史的魅力。五个栏目，五个主题，但有着一个共同的目的，那就是——传承。

正是为了传承，编者为这本书倾注了很多心血，从组稿到完稿，共用了一年多时间，这背后是纪念馆长期扎实工作的结果，更是大家汗水的结晶；也正是为了传承，一批80后的年轻人担任了本书的编辑和撰稿人，认真圆满地完成了编撰任务。这一点尤其值得欣慰。因为，历史终将在他们手中完成与时代的对接。

（淮塔管理局局长、淮海战役纪念馆馆长蒋越锋）

2014年10月28日

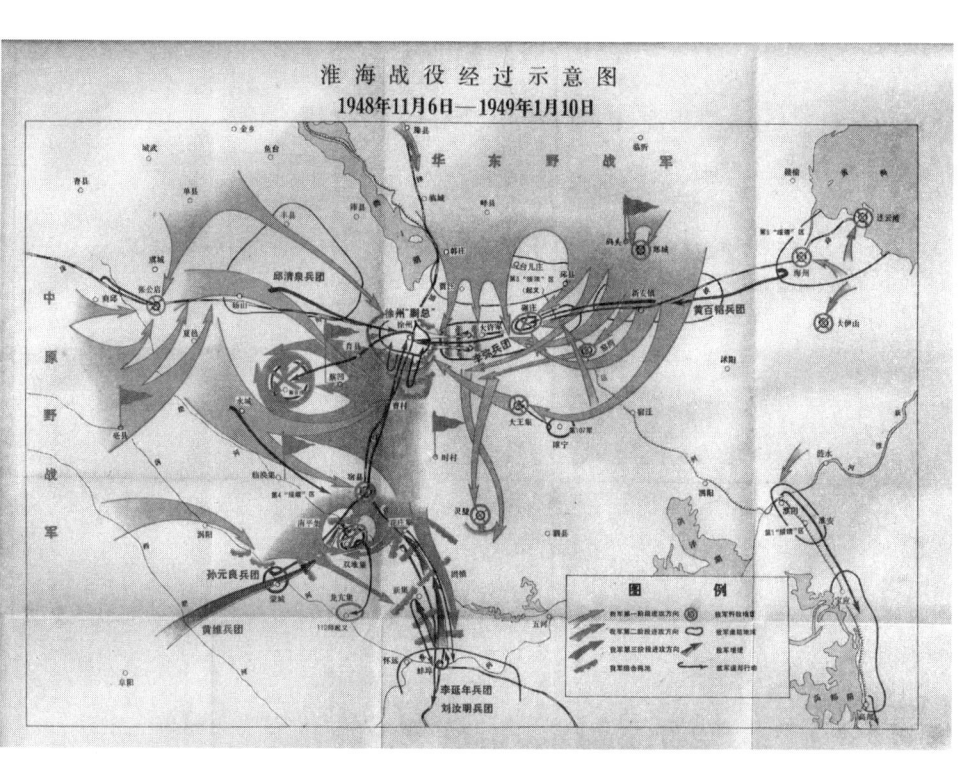

第一篇

文物故事
——见证光辉的红色历程

文物,纪念馆立馆之本
文物,民族的精神之源
每件文物都是一个故事
每个故事都是一段历史
让我们一起
走进纪念馆
感受真实
领略辉煌

电报稿：电波声里定乾坤

1948年10月12日夜里12点，山东曲阜华野司令部的灯光闪烁，报务员手捧着刚刚译好的电文在门外立正高喊："报告502首长，西柏坡来电。"502是华野代司令员代政委粟裕的代号。此时，粟裕正站在巨幅地图前沉思。

半个月前，粟裕曾致电中央。那是9月24日清晨，济南战役就要结束的那天，粟裕向中央提出了"举行淮海战役"的建议。粟裕将这个战役分成两个阶段：第一阶段攻占淮阴、淮安，第二阶段攻占海州、连云港，这样可以改善中原战局，迫使国民党军退守江边，为将来渡江创造条件。这就是淮海战役名称的由来，也是战役最初设计的规模。第二天，粟裕接到了中央"举行淮海战役甚为必要"的复电。但在复电中，毛泽东强调：第一阶段要打徐州以东的黄百韬兵团，第二阶段打淮阴、淮安，第三阶段打海州、连云港。可以看出，毛泽东和粟裕的战略指导思想是一致的，都是为了歼灭国民党军有生力量，加速解放战争的进程。但毛泽

河北省平山县西柏坡中国人民解放军总部旧址。在这里，毛泽东起草了70余封电报发往了淮海前线

东在粟裕建议的基础上继续扩大了战役的规模,因为两淮的国民党军并不多,黄百韬却拥有4个军。同时,中野方面也在第一时间表示将吸引住西面的国民党军,配合华野作战。这样,就为两大野战军后来的协同作战奠定了基础。此后,粟裕在曲阜主持召开华野前委扩大会议。围绕首歼黄百韬兵团的作战目标,会议讨论了淮海战役的作战方案。大家一致认为,应直接分割围歼黄百韬兵团。12日下午,华野将作战方案报告了中央。

已是深夜,粟裕仍在焦急地等待中央回复。就在这时,中央的电报来到了。

粟裕赶紧接过电报,打开一看,并非是对12日华野报告的回电,而是毛泽东在11日起草的《关于淮海战役的作战方针》。由于电报收发的时间差,中央和华野的电报大概是在空中擦肩而过了。

粟裕仔细地阅读着。电报分4个部分,第一部分进一步明确先打黄百韬兵团的首战目标;第二部分是作战步骤:打完黄百韬后,打海州和两淮之敌,战役的3个阶段用两个至三个星期完成;第三部分是作战方针:以5到7个纵队攻击,其余担任打援或牵制;第四部分是作战方法:打黄百韬应以2个纵队打1个军的方法。

看罢电报,粟裕十分兴奋,他召集华野前委进行了讨论,并将

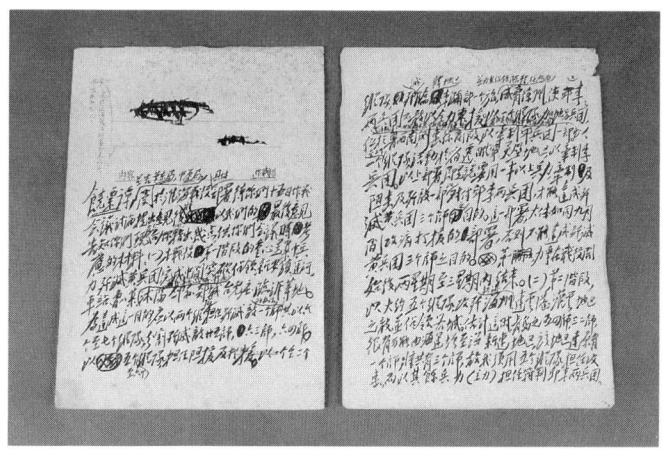

毛泽东为中央军委起草的《关于淮海战役的作战方针》的电报手稿

7

讨论意见于13日上报中央。11月14日，粟裕接到了毛泽东对12日、13日华野报告的复电。

这次的指示更加具体，明确指出了各个纵队的作战任务，对战役的指导思想给予了鲜明的表述：解放军的目的就是要钳制徐州敌人主力，集中优势兵力先歼黄百韬兵团；电报还提出了中野对华野的配合作战和后勤保障等。应当说，这封电报是这一时期中央和前线指挥员意见的综合和完善。

尽管如此，在接下来的十多天里，中央和华野、中野方面仍在通过电报进行讨论。14日，17日，20日，21日，28日，30日……前后方电报往来频繁，一串串密集的无线电信号，一道道无形的电波，穿梭在西柏坡和淮海前线。"完全同意"、"照此施行"的字眼不断出现在毛泽东的电报里。淮海战役的作战方案不断完善，特别是毛泽东关于华野、中野在同一时间发起攻击的指示，为造成围攻徐州的态势，掩盖解放军作战意图和尔后中野由配合转为直接参战、两大野战军会师淮海奠定了基础。

当然，此时的淮海战役还不是决战的规模，但作战方针和指导原则以及首歼黄百韬的作战目标都在战役中得到了完全实现。战役发起后，战场形势发生了巨大的变化。中央军委和淮海前线指挥员根据战役发展，因势利导，推动着淮海战役向更大规模发展。首歼黄百韬兵团，继歼从河南增援的黄维兵团，再歼徐州杜聿明集团，淮海战役从华野的东线歼敌作战演变成了华野、中野对国民党军南线主力进行的一场战略决战。

今天，淮海战役已过去了66年，但老一辈革命家实事求是、民主决策、团结协作、敢于负责的伟大精神，却似一座丰碑，永远熠熠生辉。

（魏天梅）

勋章：佩剑将军回"娘家"

大家可能看过电影《佩剑将军》，电影中两位佩剑将军的原型就是在淮海战役中率部起义的国民党军第3绥靖区副司令官何基沣、张克侠。如今，淮海战役纪念馆里，陈列着一枚何基沣将军荣获的一级解放勋章，在向观众讲述着他们起义的故事。

何基沣和张克侠都是河北人，同为西北军旧部。何基沣1938年秘密到达延安，多次受到毛泽东等中共领导人的接见，1939年秘密加入中国共产党。张克侠曾就读莫斯科中山大学，1929年就秘密加入了中国共产党，一直接受周恩来的直接领导。张克侠是冯玉祥的连襟，在国民党军中，有着广泛的人脉资源，这些为他长期隐蔽埋伏，开展地下工作创造了有利条件。淮海战役时，何张两位将军任国民党军徐州"剿总"第3绥靖区副司令官，司令官是冯治安，辖59、77两个军。由于不是蒋介石的嫡系，部队长期受到排挤和歧视，在何张两位将军的长期经营下，军中各师都设有党的秘密组织，有很好的起

淮海战役中率部起义的中共特别党员何基沣（左）与张克侠（右）

义基础。淮海战役前，周恩来与何张取得了联系，指示他们战场起义。接到指示后，两位将军十分兴奋，身在敌营一二十年，现在，终于可以"回家"了。

但起义并非一帆风顺，张克侠也曾险入虎口。

1948年11月2日，何基沣的电话突然响了，是张克侠从徐州打来的。张克侠告诉何基沣，徐州刚刚发生了一个情况，59军军长刘振三以看病为由要去上海。起义前夕，刘振三要出走，是不是他已察觉到了什么？第二天，前线又发生了一件事。37师师长李宝善命令前线驻守的一个团后撤。这是在预防突变吗？何基沣和张克侠判断起义有可能已"泄密"。他俩当机立断，决定将地下党员王世江掌握的一个营留在运河以北，以便同解放军接头联系，必要时带头起义。另外，他们赶紧和解放军联系，确定起义时间，决定于1948年11月8日12时，正式举行战场起义。

可是，就在起义的前一天，张克侠突然被冯治安叫到了徐州。原来，张克侠曾多次动员冯治安起义，冯治安对张克侠很有戒心。所以，大战已至，冯治安以开会为由"命令"张克侠住进徐州，不允许他接近部队。11月7日开了一整天的会，晚上，冯治安又安排其他人主持，继续开会，一直开到8日零时，会议还在继续。时间一分一秒地过去，眼看距离起义时间越来越近，张克侠心急如焚。怎么办，只有单刀直入了。深夜2点，张克侠对主持人说："前方战事紧急，指挥官留在这里不宜，今晚让他们回去做好准备，明天再来吧。"多数与会人员都已疲惫不堪，纷纷表示赞同。就这样，会议结束了。张克侠赶忙回到住所，叫醒司机。凌晨4点，张克侠离开了徐州。11月8日上午8点，张克侠赶到了贾汪与何基沣会合。他给冯治安打了一个电话，说："总司令，大战在即，我必须和我们的部队同生死共患难。"冯治安明知有诈，也无可奈何。

到达贾汪后，张克侠赶紧和何基沣以及解放军代表杨斯德商量，决定提前行动。就这样，1948年11月8日10点，起义正式开始。59军在张克侠和副军长孟绍濂的率领下在台儿庄集结,132师在师长过家芳指挥下,在峄县北面集结,37师111团在李连城的率领下,在峄县集结;何基沣在最后时刻争取了刘自珍的干训团起义后,将前线指挥所和直属部队转移到了汴塘。起义部队共有2.3万余人,他们反穿着棉衣,以"杨斯德"的名字为口令,迎着南下的解放军,北上到了指定地点。这次起义,打乱了国民党军的防御部署,使徐州的东北门户洞开,解放军迅速穿过第3绥区的防区,直插陇海路,一举切断了黄百韬兵团西撤的退路。

1955年,中央军委授予何张两位将军的中华人民共和国一级解放勋章

毛泽东称赞何张起义是"淮海战役第一个大胜利",华野代司令员兼代政委粟裕则说:"只要我们在贾汪多待4小时,我们的战机就丢失了。"而国民党军对起义始终耿耿于怀,直到1983年,《中国时报》还刊登文章,说张克侠与何基沣策动国军59军两个师、77军一个半师投共,使国军无法反败为胜。

1955年9月,中共中央为表彰张克侠、何基沣为建立新中国立下的功勋,向他们颁发了中华人民共和国一级解放勋章。

(张 璐)

奖旗：身躯架起胜利桥

淮海战役纪念馆中，展出了一面"河上勇士"奖旗，它的背后是一个动人的故事，是一曲大无畏的英雄赞歌。

淮海战役发起后，国民党军黄百韬兵团由新安镇向徐州西撤，华野主力在新安镇扑了空，立即展开追击。华野9纵先头部队"潍县团"，以每天140里的急行军速度，一路紧追黄百韬兵团的63军，1948年11月8日天黑时，追到了宿迁西北80里的堰头镇。

就在"潍县团"先头部队1营继续前进时，被一条河挡住了去路。河宽十几米，没有桥，国民党军在对岸燃烧起熊熊的照明柴，布置了密集的火力网，河面被封锁了。

没有船，没有桥，怎么办？指战员们都穿着棉衣，如果从水中徒涉，棉衣湿透后又重又冷裹在身上，还怎么战斗！时间一分一秒地过去，后续部队陆续赶到，为了保证部队迅速通过，1营决定架桥。

2连1排3班接受了架桥任务。副排长范学福、班长马选云带领战士们从老乡家借来门板，绑在两架木梯上当桥面，还做了一副桥腿，可桥腿还没来得及使用就被一发炮弹炸断了。浮桥没有支撑，过桥战士们没走几步，桥身就沉下去了，一些战士还没过桥，就掉入了河中。紧急关头，范学福大喊一声："没有桥腿，我们当桥腿。"说完，第一个跳进冰冷刺骨的河水，3班长马选云、副班长

淮海战役纪念馆故事

彭启榜、战士宋协国、杨玉艾、潘福全、杨学志、孙克潘、孙学赞、孙书贤也纷纷跳进激流中。他们有的跪立水中，有的站立肩扛，组成5组桥墩，架起了一座"十人桥"。追击部队依次从桥上通过，有的战士脚下打滑，踩到架桥同志的头上，他们就使劲用头顶住，有的战士踩到他们的肩膀，他们就咬牙挺住。刺骨的河水拍打着身体，他们冻得全身发抖，战士潘福全对马选云说："班长，你身上还有伤病，我们来支撑浮桥，你上岸吧。"马选云却说："我能挺住。"过桥的战士们看到他们体力消耗很大，纷纷向后传话："拉开距离过桥。"追击部队分散距离，稳步轻行。

战后华野9纵27师授予架桥人员的"河上勇士"奖旗

　　突然，过河的队伍停住了脚步，原来是机枪连的战士们过来了，他们觉得机枪太沉，怕桥下的战士挺不住，正在商量蹚水过河。见此情景，桥头的孙书贤急了："快过吧，同志们，部队需要你们的火力掩护。"架桥勇士们调整了站立姿势，把浮桥抬得更稳了。机枪连战士飞快地渡过了浮桥，可架桥的十名勇士的双脚已深深地陷入了淤泥，全身僵硬得几乎没有办法动弹。直到最后一个战士过河，他们才相互搀扶着走上岸，投入战斗。就这样，全营500余人顺利到达了河对岸，在兄弟部队融合下歼灭了对岸守敌2 000余人。指战员们纷纷颂扬："十人桥，是咱们通向胜利的桥。"

　　战斗结束以后，范学福、马选云等十人被师里表彰为"河上勇士"，并荣获了奖旗。3班也因此被命名为"十人桥班"。11月26日，新华社播发了随军记者黎明撰写的通讯《十人桥》，"十人桥"的英雄事迹开始广为流传。华野9纵司令员聂凤智曾高度评价这一壮举，称"其政治意义，大大超过这一行动的军事价值。"

解放军某部十位勇士用自己的身躯架设了一座通向胜利的"十人桥"

今天,部队虽经历了多次整编,但"十人桥班"依旧保留着。当年勇士们不怕困难、团结协作、甘为人梯的"人桥精神"将激励一代又一代的人们去创造更加辉煌的业绩。

(李 瑶)

门板：连接胜利的桥板

淮海战役纪念馆陈列的众多展品中，一块门板十分引人注意。它弹痕累累，斑斑血迹隐约可见，默默地向人们讲述着一个激烈的战斗故事。

那是淮海战役第一阶段，为配合华野围歼黄百韬兵团，中央军委连发3封电报指示中野"速尽全力攻取宿县"。

宿县位于徐州、蚌埠之间，有"南徐州"之称。这里不仅是徐州和南京间的交通枢纽，更是徐州方面的重要军事补给基地，战略地位极为重要。宿县城墙高厚，工事坚固，外围设有东西南北4个关口和环环相扣的据点，公路和铁路上有装甲车和铁甲列车昼夜巡逻，内围有一条十几米宽、水深没顶的护城河围绕，易守难攻。国民党军津浦路司令部副司令张绩武指挥1万余人防守宿县。

要攻克如此坚固的城池，对于缺乏大炮等重武器的中野来说，真可谓拳头砸核桃。然而，攻取宿县是关系到淮海战役决战胜利的关键一仗，必须不惜一切代价完成任务！

中野首长把这一艰巨的任务交给了中野3纵陈锡联的部队，并派9

宿县战斗中解放军某部7连架桥使用的门板上布满了弹孔

纵秦基伟部协助。

1948年11月13日开始，解放军包围了宿县，当日，攻克了外围的4个关口，兵临城下。

11月15日，总攻即将开始，解放军计划从东西两面攻城。中野3纵9旅25团3营负责从西面攻城，由于国民党军破坏了护城河上的桥，只剩下了桥墩立在水中。因此，要想攻城，先得架桥。

可是，护城河河面宽，跨度大，而且处在敌人的火力网之下，怎样才能快速把桥板搭到河中间的桥墩上呢？3营想了很多方案，都不能解决一次把桥板伸展到桥墩上的难题。这时，战士杨守业对吴银河副营长说："我想到一个办法。"接着，他给大家讲述了"滑竿架桥"的想法：一人将竹竿伸至桥墩上，竹竿搭上后，由6个人一组抬着桥板放在竹竿上，一齐用力推，桥板就可以滑到桥墩上，稍加固定就可通行。大家都夸小杨的这个方法好。为了架好桥，吴副营长带领4名会游泳的战士，深夜潜到河边侦查，一名战士身上挂了根绳子悄悄游到对岸，用绳子测量好河面宽度。回来后，他们按照绳子的长度制作了几副桥板。架桥的物资准备好了，营长又明确任务：总攻时7连架桥，8连攻城，9连掩护。

总攻前，9旅25团政治部主任古稀年到连队进行战斗动员："打好这一仗是关系到整个战役的大问题，同志们要不惜一切打胜这一仗。"战士们情绪高昂，响亮的口号回响

淮海战役纪念馆故事

战士们在西门城墙上的合影

在宿县城下——"谁英雄谁好汉,咱们城头上见!"

11月15日下午5点,总攻开始了。7连的战士杨守业扛着滑竿跃出战壕,迅速来到河边,一次就把滑竿搭到了对面的桥墩上,这极大地鼓舞了大家的信心,第一组的6位战士立即抬着桥板冲向河边架桥。就在这时,隐蔽在桥头的一个暗堡突然开火,重机枪封锁了河面,转眼间,6位战士的身躯没入水中,第二组、第三组……一次又一次,接连5组都失利了,岸边战友的眼都红了,"为战友报仇"的呼声响彻阵地。8连加大了火力掩护,封锁住敌人暗堡的射击孔,第六组的战士们终于在一分钟内将桥板架设成功。

桥架好后,工兵爆破组率先过桥,他们用炸药将城墙炸出了一个斜坡缺口,为部队开辟了前进的通道。8连攻城时遭到敌人严密的火力封锁,经过反复冲锋,终于攻上宿县西门城头并巩固了突破口。

16日凌晨,解放军攻克宿县,全歼守敌,生俘宿县最高指挥官张绩武,切断了国民党军的退路,完成了对徐州的战略合围。

为了战斗的胜利,7连30位架桥战士壮烈牺牲,8连100多名战士最后只剩下14位。

(张　璐)

战防枪：铜墙铁壁阻援敌

淮海战役纪念馆徐东阻击战展柜里陈列的两件文物极其醒目。一件是战防枪，一件是炸药包。战防枪口径13毫米，全长1.68米，枪管长0.98米，枪管中间，是模糊不清的字母"Mauser"，侧面则刻有"KKK"3个字母。显然，这是一支产自德国的毛瑟M1918反坦克步枪。1918年这种枪就投入使用了，初速超过800米/秒，在220米的距离外能够击穿25毫米的装甲，是名副其实的"枪中元老"。它身旁的炸药包就极其平常了，一包炸药，中间插着一杆木棍，几乎每个解放军战士都能制作。

这一土一洋两样武器并排放在一起，是因为它们共同见证了解放军战史上堪称规模最大、最为激烈的阻击战——徐东阻击战。而在这次战斗中，无论是进口装备，还是土制弹药，在解放军战士手里都成为有力的武器。

那是1948年11月11日，淮海战役第一阶段，国民党军黄百韬兵团被包围在徐州以东一百多华里的碾庄，蒋介石不想在大战之

 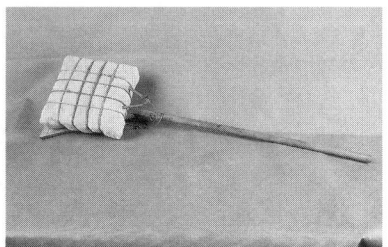

解放军打坦克用的德国毛瑟战防枪和自制炸药包

初就葬送一个兵团,再三督令徐州"剿总"调兵全力东进,救援黄百韬。12日起,国民党军集结邱清泉、李弥两个兵团近5个军的兵力,在百余门重炮、百余辆坦克的配合掩护下,由徐州"剿总"副总司令杜聿明亲自指挥,向徐州以东解放军阵地发起了猛烈攻击。

能否挡住来势汹汹的援敌,直接关系到解放军能否全歼黄百韬兵团。

为此,解放军集中了8个纵队的兵力,采取正面阻击与侧翼攻击相结合的战术,严阵以待,阻击援敌。正面阻击部队是华野的3个纵队,指挥员是第10纵队司令员宋时轮、政委刘培善。他们在徐州以东由南向北组成了3道纵深防御阵地。战防枪正是担任正面阻击的华野7纵的战士们用过的。

11月13日上午9点,国民党军的进攻开始了。天上数十架轰炸机轮番出动,狂轰滥炸,地上百余门重炮、百余辆坦克喷吐着火舌。霎时乌烟弥漫天空,村落尽成瓦砾,徐州东面邓楼至团山一线40余里宽的正面变成了一片火海。在猛烈火力的掩护下,国民党军的地面部队发动了攻击。

这是一场力量悬殊的作战。进攻部队达5个军,拥有飞机、大炮、坦克,而阻击部队只有3个纵队,只能依靠交通壕、步枪、手榴弹和少量的战防枪等武器进行防御。面对强敌,解放军战士毫不畏惧,他们利用山坡、村庄等有利地形,修筑多层防御阵地,坚守阵地,寸土不让,与进攻的国民党军展开逐屋逐堡、逐壕逐村的争夺,使得国民党军每前进一

徐东阻击战中,解放军依托工事顽强阻击增援的国民党军

步都要付出巨大代价。而对国民党军的新式武器，解放军也自有办法。缺少战防枪，他们就用爆破筒、炸药包、集束手榴弹和燃烧瓶，有的还在坦克前进道路上设置火沟、路障，总之，想尽一切办法打击坦克，整个阻击战中，共摧毁坦克34辆。没人能想象到解放军会用这些土办法打坦克，更没人能想到，坚守阻击阵地上的解放军有的已经是不成编制的部队了。参谋、干事、警卫员、炊事员、卫生员、通讯员、司号员……全上了，弹药打光了，就白刃格斗，有的腰折骨断，有的双目失明，还在喊杀、摔打、拼刺刀……解放军指战员用血肉之躯在徐东构筑起一道铜墙铁壁，顽强屹立在阻击阵地上。

杜聿明曾亲自来到阵前督战。炮火不可谓不猛烈，进攻不可谓不激烈，就是一块铁也该熔化了，就是一块石头也该粉碎了。然而，事实却让他很是失望。他们攻下每一处村落据点，都要消耗大量炸弹，遭受重大伤亡，经过反复争夺。身经百战的杜聿明也不禁感叹："这是什么样的部队啊……"

这样的战斗持续了整整10天。10天时间里，东援部队仅前进不到20公里，始终未能越过解放军的防线，眼看着黄百韬兵团全军覆灭，无功而返。

蒋介石对此极为恼怒，在一封电报中他对前线指挥官进行了严厉斥责："查此次徐淮会战，我东进兵团行动迟缓，未能彻底奉行命令，致陷友军于覆灭，实有失军人武德……另据统计，此次会战共消耗各种炮弹12万余发，而我军每日进展尚不及1公里，如此消耗浪费，不计成效，亦我革命军人之奇耻大辱。"

（魏天梅）

残墙：攻克最后的"营垒"

1948年11月9日的晚上，西撤的黄百韬兵团来到了碾庄。前有堵截，后有追兵，是继续向徐州撤退还是就地固守？举棋不定之时，黄百韬接到了令他固守待援的指示。第二天，他还收到了蒋介石的亲笔信，蒋介石希望黄百韬"严督所部，切实训导，同心一德，团结苦斗"。

接到信后，黄百韬思绪万千。自己出身杂牌，一辈子卖命苦战，得到了蒋介石的赏识。大战临头，作为徐州"剿总"最大的一个兵团的司令官，他更是得到了蒋介石的高度重视。怎么办，尽管黄百韬战前就预言"是打不过解放军的"，但为报答蒋介石的知遇之恩，他决心"为党国效忠"。他将下辖的4个军部署在了碾庄外围东西南北4个方向，兵团部设在碾庄村内一个榨油和酿酒的作坊内，形成了以碾庄为核心的防御体系。

11月11日，华野部队经过连续追击、截击、迂回包围，将黄百韬兵团包围在碾庄。从12日开始部队转入阵地攻坚战。到19日总攻

战士们涉过碾庄外围水壕，向黄百韬兵团发起总攻

国民党军黄百韬兵团指挥部的墙面弹痕累累

前,基本扫清了碾庄外围大部分村庄,但每前进一步,攻击部队都付出了巨大的代价,各纵队伤亡都在5 000人以上。为此,解放军总结了经验,调整了攻击部署,加强了步炮协同,准备在19日总攻碾庄。

碾庄位于运河西岸,地处苏北平原,常闹水灾。当地百姓为了防水,都把地基筑高,形成土台,再把房屋建在土台上。村庄由台子组成,台子之间是水壕、洼地。碾庄较宽的水壕有两条,形成了两道水壕、两道围墙的地形。黄百韬到来之前,李弥兵团在此驻守,曾修筑了坚固的工事。黄百韬下令在原有工事的基础上进一步加修,他们砍掉大树,拆掉部分房子,就连美式汽车也成了修筑工事的材料。碾庄被打造成了一个巨大的堡垒。

19日晚10点,战斗打响了。在统一指挥下,解放军炮兵对碾庄国民党军阵地实施了长时间的轰击,以猛烈的炮火摧毁了水壕边的围墙内外的一些火力点和工事。接着,4纵在北,6纵在西,8纵在东南,9纵在南,从四面八方向碾庄展开攻击。解放军首先要渡过第一道水壕,突破第一道围墙。

正值初冬季节,夜晚的水壕冰冷刺骨。但攻击部队冒着密集的火

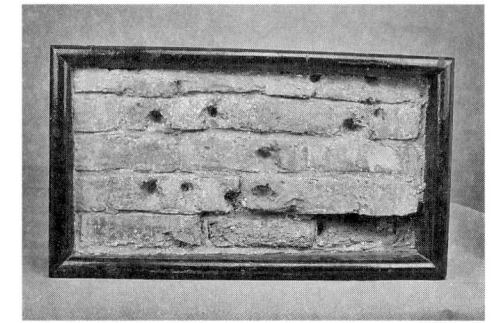

陈列在纪念馆里的黄百韬兵团指挥部的一段残墙

力,强行涉水过壕,迅速登上围墙。经过半小时攻击,部队便突破了第一道围墙。

从第一道围墙到第二道围墙之间只有100米距离,不远处就是黄百韬的指挥部。在这里,国民党军布满了各种火器,进行着疯狂的抵抗。从19日夜里11点多开始,双方整整厮杀了4个小时,一次次进攻,一次次反扑,战斗十分激烈。到20日凌晨2点40分,攻击部队终于突破了碾庄第二道围墙。眼看第二道围墙即将被突破,黄百韬连电台和密码本也没来得及销毁就撤到了东面的64军驻地大院上。

此后,解放军在庄内和国民党军展开了逐屋逐堡的争夺战。庄内的民房上,几乎所有的墙角都修有碉堡,有的碉堡上设有4层射击孔,射击孔很小,很低,很难将其封锁。村里的墙缝、门缝、窗户乃至屋檐下,到处都是机枪射击点。战斗激烈程度可想而知。到早上5点多,解放军终于占领了碾庄。战至11月22日,黄百韬兵团全部被歼,黄百韬毙命身亡。

这是一场血战。战后,无论是战役总结还是亲历者回忆,都说这一仗打得十分惨烈。

如今,硝烟散去,战火不再,碾庄也已旧貌换新颜。唯有那段弹痕累累的青砖残墙,默默地向人们诉说着66年前的那场血战。

（程　婉）

自制武器:"原子炮弹"显神威

淮海战役中,解放军在武器装备上明显处于劣势。为了弥补炮火不足,解放军发扬军事民主,充分发挥指战员的聪明才智,创造性地利用火药和炸药的威力,自制了大量的土武器,在战役中发挥了重要作用。

土制武器的种类很多,最有代表性的就是用汽油桶改装的炸药发射筒,也叫"飞雷"、"土飞机"。这种土武器是在中野4纵司令员陈赓的关注、支持下,经过反复研究、试验和改进后,在中野各纵中推广使用的。它构造简单,杀伤力强。制作时将汽油桶的顶盖锯掉,在桶底部放上5公斤的黑火药,中间放上一个用木板绑着的炸药包,包着50—70公斤的炸药,尾部装上导火线,桶身呈45角,点燃导火线后,火药的推力将炸药包抛射到敌人阵地上,射程能达到100—150米,可以将落地点10米内的地堡、鹿砦等土木工事全部摧毁。

淮海战役第二阶段,中野在围歼黄维兵团的战斗中广泛使用

解放军指战员自制的炸药发射筒被国民党军官兵称为"原子炮"

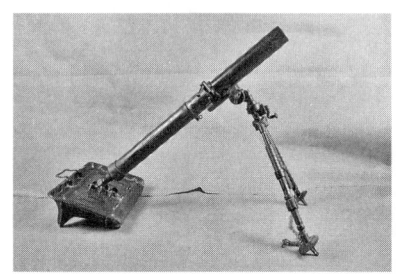
用来发射炸药的82迫击炮

了这种武器。1纵攻打黄维兵团指挥部小马庄时,使用了"飞雷",将敌人的鹿砦、工事、地堡大量摧毁;3纵攻打马围子时,埋设了大量的炸药发射筒和炸药发射坑,准备了近2 000公斤的炸药包,一齐开火,强大的气浪几乎掀翻了敌人的整个阵地,很多国民党军官兵被震死和震昏。国民党军也不知道解放军使用的是什么新式武器,就把它叫作"原子炮"、"特大威力炮"和"没良心炮"。邓小平在淮海战役结束后的总结中曾提到:"因我炮火较弱,我们曾大量地使用了土造的炸药抛射筒,收效极大。"

除了"飞雷"外,指战员们还用迫击炮抛射炸药包。首先制作炸药杆,炸药杆是一根直径接近所配用的迫击炮口径(一般为60毫米或82毫米)的木棍,最好使用木质较硬的木材,如柏木,在其头部围绕捆扎炸药包,并在炸药包上安装导火索和雷管。捆扎好的炸药包为圆柱形,有的头部做成圆锥形以减小空气阻力。直径超过迫击炮口径,装药量一般为5到8公斤,威力大大超过同口径的迫击炮弹,主要用于压制敌人的纵深炮火,摧毁地堡。中野11纵31旅攻打张围子时,将全旅半数以上的60炮用来发射炸药。在杨围子战斗中,中野11纵用迫击炮发射炸药两千余公斤,彻底摧毁了敌人的前沿工事。

所以,被俘的国民党军官兵说他们有三怕:一怕解放军的迫近作业,二怕解放军阵前喊话,三怕解放军的自制土武器。毛泽东则在《敦促杜聿明等投降书》一文中风趣地说:"我们的飞机坦克比你们多,这就是大炮和炸药,人们把这些叫作土飞机、土坦克,难道不是比较你们的洋飞机、洋坦克要厉害十倍吗?"

然而,在研制土制武器的过程中,解放军也付出了血的代价。华野特种兵纵队参谋长韩联生,在试验迫击炮送炸药时和7位战友一起献出了宝贵的生命。

(李 瑶)

铁锹：地平线下的战斗

铁锹，没有光鲜的外表，也没有特殊的功能，但在淮海战役中却起到了至关重要的作用。

淮海战役第二阶段，国民党军第12兵团被包围在了双堆集地区，他们依托村庄、地堡，固守待援。双堆集是平原地区，地形平坦开阔，村庄分散，解放军作战时没有地形和地物可做掩护。怎么办？为了隐蔽自己，减少伤亡，指战员们充分发挥了积极性和创造性，摸索出了克敌制胜的办法，他们决定采取"以地堡对地堡"、"以战壕对战壕"的攻坚战法，把战壕挖到敌人阵地前，把工事筑到最前沿。

于是，一场工程浩大的迫近作业，在双堆集平原上展开了。

每当夜幕降临的时候，指战员们就带上铁锹、镐头，排成长蛇形队伍，向国民党军前沿阵地移动。在距离阵地六七十米时，便一起卧倒，头脚相连，形成一条"人龙"，

战士们采取"以地堡对地堡"、"以战壕对战壕"的战法，把战壕挖到国民党军阵地前

随后先卧倒挖散兵坑,然后由卧姿挖成跪姿、立姿,再挖成能隐蔽和运动的交通壕。国民党军也没闲着,坦克、大炮、飞机不停地袭扰破坏。战士们就采取多路齐头并进的方法,日夜不停地挖着。几天之内,各个纵队就完成了从四面八方伸向国民党军阵地的纵横交错的交通壕和散兵坑,构成了完整的攻防阵地。

一条条战壕,弯弯曲曲,向国民党军阵地延伸开去。那不是普通的战壕,那是用战士们的鲜血和汗水筑就的。

有一次,中野6纵18旅52团1连3班的战士挖战壕时遇到了很不利的地形。距离国民党军阵地不远,横着一条大路,国民党军在这里设置了两个交叉的火力点。寒冬腊月,路上的泥层冻得坚硬,在这种情况下挖壕沟,本身就是一件难事。现在还要越过路基和敌人的火力点挖战壕,更是难上加难。但战士们不怕困难,决心不惜一切完成任务。

黑夜来临,只见战士们匍匐前进着。全班分成两个组。班长带领4名战士把一百多斤重的麻袋顶在头上,爬着慢慢向前推进,直到离敌人阵地二三十米处停下来,对着敌人的地堡筑起一个简单的临时工事,然后卧成一线,人手一把铁锹、镐头,开始挖壕沟。他们狠力的砸着像铁块一样坚硬的土地,一层一层地挖。不一会,地上就出现了一条浅浅的壕沟。这时,国民党军的士兵听到了动静,发现了他们,拿出手榴弹,向他们投掷,架起重机枪,向他们扫射。子弹从战士们头上飞过,手榴弹在战士们的身旁爆炸。但是大家仍然坚持拿着铁锹,继续自己的工作,毫不退缩。天亮了,壕沟挖完了。战士们一夜没睡,回到了阵地。战友们围了过来,赶忙

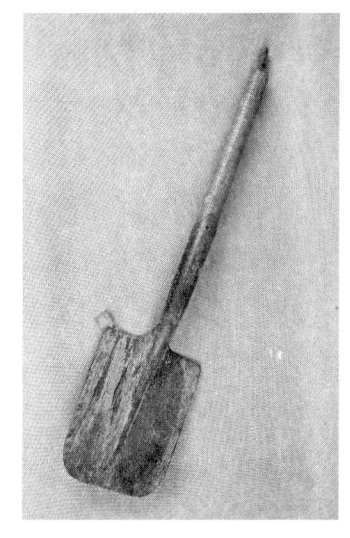

解放军修筑工事用的铁锹

从他们手中接过铁锹和镐头,连声说:"辛苦了,你们歇歇,我们去给你们倒水、拿饭。"就在这时,一个战士突然叫了起来:"你们的手……铁锹把上的血……"大伙顺着这个声音看去,只见铁锹把上血迹斑斑,再看3班战士的手,都是血泡。战友们的眼睛红了。3班最小的一个战士却咧着嘴,笑着说:"没事,就是破点皮,这算不了啥,主要是我们的任务完成了。"

  解放军战士究竟在淮海战场上挖了多少战壕,似乎已无从知晓。但有人计算过淮海战役第二阶段双堆集战场的战壕数字:把主要交通壕连接起来,长达12万米,可绕双堆集7圈半。

(李 瑶)

机枪：团结就是力量

　　淮海战役中，华野7纵在大王庄战斗中曾送给中野6纵一挺加拿大七九勃然式轻机枪，它不仅见证了大王庄战斗的悲壮惨烈，更见证了两大野战军在淮海战役中团结协作、亲如兄弟的深厚友情。

　　1948年12月6日，中野在华野一部的配合下，分为东、西、南3个集团对黄维兵团发起总攻。南集团以中野6纵、华野7纵和陕南12旅组成，由中野6纵司令员王近山、政委杜义德指挥，歼击双堆集以南之敌——号称五大"王牌主力"的国民党军第18军。

　　经过连续3天的压缩作战，解放军打破了敌人的防御体系，南集团进至大王庄。这里距黄维的指挥部小马庄只有1公里，是黄维兵团核心阵地的重要屏障，由嫡系中的精锐18军118师33团把守，他们在庄内修筑了坚固的堡垒群，依托双堆集核心阵地的炮火支援，企图固守大王庄。

华野7纵送给中野6纵的加拿大轻机枪

9日黄昏，解放军对大王庄进行了近半小时的炮火攻击，华野7纵58团和60团在炮火掩护下迅速突入大王庄，经两小时激战攻占大王庄，俘敌副团长以下700余人，随后交由7纵59团防守，准备攻打尖谷堆。

大王庄失守令黄维大惊失色，他连夜调集炮火，54分钟内大王庄落弹数千发。从10日凌晨至黄昏，国民党军不断调集兵力，在坦克和炮火的掩护下，向大王庄发动了猛烈的反扑。

59团打得极为艰苦，弹药打光了，就与敌人展开肉搏战，各连之间的联系断绝了，仍各自坚守阵地。由于敌众我寡，59团被逐出庄外，大王庄阵地一度失守。

10日上午，中野6纵46团和华野7纵58团赶来增援，3个团合力反击，再次攻入庄内，与敌展开逐屋逐堡、一沟一壕的反复争夺。

在大王庄东南的一条壕沟里，中野6纵和华野7纵的两个连队并肩作战。战壕右边，中野的战士身穿蓝灰色军装，戴六角形军帽，左边，华野的战士身穿土黄色军装，头戴圆顶军帽，这是两支不同建制的部队，他们刚刚打退敌人的一次疯狂反扑，战场上一片寂静。

华野的徐指导员看到战士张福合正在用小刀割敌人死尸上的子弹袋，战士金广余正拨弄着沟里的积土，一颗颗的搜捡敌人失落的子弹，射手黄信正在擦拭机枪，他的枪不像先前打得那么流畅，半晌才喷射一下。徐指导员知道，他们遇到了两个困难：一是子弹快打光了，一时补给不上；二是机枪手刘宝贵牺牲后，有一挺机枪无人使用。

相距不过十几米

亲密无间的战友

的右侧,中野的连长听说了华野徐指导员的困难,立刻派人送来了一箱子弹,还有一瓶擦枪油。

第一个困难解决了,徐指导员脸上咧开了笑容,可这挺机枪咋办呢?看到中野战友送来的子弹,他当即决定,把这挺加拿大轻机枪送给中野战友。转瞬间,子弹和机枪换了主人,两支部队从对方赠送的"礼物"中,感受着真挚的战友深情。

短暂的寂静过后,远处突然传来了坦克的轰鸣声,敌人在坦克掩护下,以火焰喷射器开道,再一次发起猛烈地反扑。中野和华野的3个团密切协同,互相支援,顽强抗敌。干部牺牲了,战士们就自动组织起队伍战斗,弹药即将用尽,各部就退至大王庄外沿阵地坚守,在"人在阵地在"、"宁愿战死也绝不丢失阵地"口号的鼓舞下,以顽强的意志一次又一次地击退敌人的进攻。10日黄昏,7纵60团主力发起反击,大王庄阵地重新回到解放军手中。

在双堆集歼灭战中,华野先后抽出5个纵队的兵力协助中野作战,华野司令员陈毅提出:缴获的战利品,大到武器和弹药,小到日用品,全部交给中野,一件不留。

在战场上,武器的多少和优劣直接关系到部队的伤亡,把自己的武器送给战友,这表现出了解放军怎样的团结友爱精神。团结就是力量。正是因为团结,解放军才创造了以少胜多的奇迹,就像毛泽东说过的那样:"两个野战军联合在一起,不是增加了一倍力量,而是增加了好几倍力量。"

(魏天梅)

密函：秘密战线结硕果

淮海战役中，有这样一个人，他忠于信仰，谨慎果敢，深入敌营，孤身作战。为了使命，他苦心孤诣，寻找战机；为了完成任务，他曾两年多没睡过一个安稳觉……他，就是中共地下党员、国民党徐州"剿总"少尉司书——钱树岩。

1947年的一天，钱树岩收到一封组织来信。打开一看，信封里只装有一张国统区的纸币——关金券。钱树岩知道，那里面暗藏玄机。他赶紧回到家，小心翼翼地在关金券上涂抹上碘酒。渐渐地，棕褐色的字迹浮现了出来："林山，送来情报收到，中央军委电报表扬，希望继续努力。"林山是钱树岩的化名。原来，这是一封嘉奖函，字迹是用米汁写上去的。

钱树岩是江苏徐州人，1945年，钱树岩加入了中国共产党。他家境贫寒，曾在书店当学徒。由于平时喜欢读书学习，所以在1946年国民党徐州"绥靖公署（徐州"剿总"前身）"招聘文书的时候，钱树岩顺利通过考试，成功打入了"绥靖公署"机关，成为军务处的一名司书。在徐州机关工作期间，搜集到有价值的情报，一直是钱树岩的心愿，为此，他总是千方百计寻找时机。

中共地下党员钱树岩

这一天，机会终于来了。

那是到机关工作后的第二年。此时，徐州绥靖公署已改称为"陆军总司令徐州司令部"。一天，钱树岩的上司——军务处长许午言把他叫到办公室，让他抄写一份准备交给国防部参谋总长顾祝同的急件。钱树岩拿过来一看，上面写着"绝密"两个字。钱树岩赶紧按照处长的要求抄写起来，他边抄写边看着内容，原来这是一份《徐州和郑州所辖整编师的部署》，详细描述了国民党军西至潼关、南至长江以北的整编师的部署。钱树岩想，如果这份情报能够送到解放军手里，一定会对中央的决策起到重要作用。钱树岩一心想得到有价值的情报，现在，情报就在眼前。"一定要得到它"，钱树岩暗下决心。

写在关金券上的嘉奖密函

但是，想要得到这样的情报谈何容易？

处长始终看着钱树岩抄写文件，文件抄好后要马上送出，不可能在自己手上停留，也没有时间再复制一份。怎么办？钱树岩自有办法。抄完文件后，他没有急于离开，而是以给处长整理办公室内务为由，在处长办公室待了一会。他一边帮处长打扫卫生，一边观察动静。当看到处长把文件底稿放在了办公桌上的红色卷宗里，钱树岩知道，机会来了。此时，已快到吃饭时间了。钱树岩离开了处长办公室。过了一会，处长去吃饭了。

司令部有个机关餐厅，家在外地的军官大多在餐厅吃饭。钱树岩是本地人，从不在餐厅吃饭。这给钱树岩搜集情报创造了条件。中午时分，钱树岩再次走进了处长的办公室，他迅速把放在桌上的红色卷宗打开，拿出了文件揣进衣兜里，准备带回家。但没有走多远，钱树岩突然想到，万一处长回来，发现文件丢失，后果不堪设想！他越想越觉得自己的行动太过鲁莽，便返回了处长办公室，将文件放回了原处。

整整一个下午，钱树岩都在静静地等待时机。一直等到晚上9点多。果然不出所料，处长吃完饭后始终没有离开办公室。晚上下班后，又在8点多回来巡视了一趟。钱树岩的办公室离处长办公室不远，他始终密切关注着处长的一举一动。当处长9点多最后一次离开办公室时，他长长地出了一口气。处长走后，钱树岩再次来到处长办公室，将文件取走。他迅速回到家里，连夜抄写，抄完时已经是半夜1点多钟了。一晚上，钱树岩既兴奋，又紧张，觉也没睡，眼睛都没有合一下，一直到了天亮。第二天，天蒙蒙亮，他就来到了司令部大院，将文件悄悄送回到了处长办公室。

情报到手后，钱树岩将它交给了秘密联络员朱伯平，后经多次辗转送到了中央。中央认为这份情报及时准确，曾给钱树岩发过一封嘉奖电报，但遗憾的是，他没能看到电报的内容。后来，秘密交通站转来了一封组织来信，转达了中央对他的嘉奖，就是那封写在关金券上的嘉奖密函。2007年，钱树岩老人将密函捐赠给了淮海战役纪念馆。

每到清明时节，钱树岩老人都会来到纪念馆，看着展柜里的文物，回想起自己的地下党生涯，这位在国民党徐州机关潜伏了两年多、发出重要情报百余封的老人总是谦虚地说："我感觉自己很幸运，能为党的事业发挥自己的作用。"

（谷青珊）

马鞭和马镫：跃马扬鞭打坦克

淮海战役纪念馆里陈列着南京炮兵学院捐赠的华野特纵骑兵在战役中使用过的马鞭和马镫。说起骑兵，我们脑海中就会浮现出他们挥舞着马鞭，骑着骏马，驰骋战场的矫健身姿。当年，华野特纵骑兵与国民党军的坦克狭路相逢，创造了骑兵追坦克的奇迹。

那是淮海战役第三阶段，解放军向战场上的最后一股国民党军发起了总攻。国民党军战车团15辆坦克在副营长吴秀章的带领下冲到了位于陈官庄的指挥部附近。此时，吴秀章除了作战任务外，还有一项特殊使命，就是在最后时刻带着战地最高指挥官杜聿明和其他高级将领"突围"。但是吴秀章不知道，杜聿明已下令各部分头行动，并率领残部离开了指挥部。没有找到杜聿明，吴秀章只好自行向西南"突围"。解放军发现了吴秀章的坦克后立即围追堵截，15辆坦克只有6辆跑出了包围圈。

夜色降临了，吴秀章率领6辆坦克马不停蹄，一路向西逃窜。

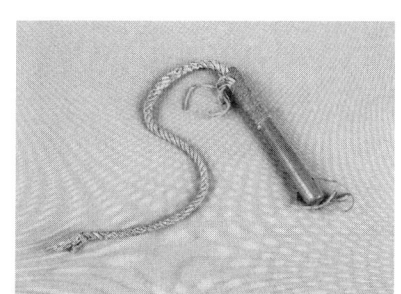

骑兵用过的马鞭和马镫

可没跑出多远，就被华野司令部发现了，司令部判断杜聿明有可能在坦克里，当即命令骑兵团加强侦察，迅速拦截。骑兵团隶属于华野特种兵纵队，有3个大队。接到命令后，骑兵团立即通知各大队沿着坦克履带痕迹追击拦截。

拂晓时分，骑兵们发现了逃窜中的国民党军坦克。只见白茫茫的雪原上，6辆黑色的钢铁战车正在快速前进。骑兵们一手挥着马鞭，一手举着步枪，飞驰而去，靠近坦克后立即向坦克射击。这些坦克是美制M3A1坦克，装甲虽不算厚，但也不是骑兵的轻武器能对付得了的。见骑兵奈何不了他们，坦克继续强行向前行驶，骑兵们只能紧随其后寻找战机。就在追至会亭集西北的火神庙时，一辆坦克掉进了沟里。机会来了，骑兵见状，迅速靠近坦克，将爬出坦克的士兵俘虏。

另外5辆坦克继续前进，骑兵们兵分两路，很快就对其形成夹击之势。骑兵王广华一马当先，一跃跳下了马背，迅速登上一辆坦克，他折弯了天线，砸坏了潜望镜。坦克里的敌人发现后，立即转动坦克炮塔，王广华没站住，被甩了下来。坦克见状，停了下来。一名驾驶员钻了出来，向前面的坦克跑去。说时迟，那时快，王广华眼疾手快，一枪击中了驾驶员。坦克里的敌人似乎被这阵势吓蒙了，不多会，从瞭望孔里伸出一块白布，并高喊："别打了，别打了，我们投降。"第二辆坦克被俘虏了。剩下的坦克继续西行，行至步桥一带时，一条小河挡住了坦克的去路，一辆坦克在骑兵的逼迫下驶入了泥塘，被俘获了。

这样，吴秀章的6辆坦克只剩下了3辆。走着走着，坦克突然遇到了一条小河沟，怕陷到河里，坦克想绕道而行。坦克转过头来，正好和后面追击的骑兵形成了对峙局面。3辆坦克一起向骑兵开起火来。这些坦克每辆都配备有一门37平射炮和3挺重机枪，3门火炮，9挺重机枪一起射过来，火力很猛。骑兵们赶紧飞身下马，分头散开。"轰"的一声，一发炮弹打来，没来得及转移的机枪手蒋步宽和弹药于李振香当场牺牲。另两名骑兵隐蔽在一个坟头后射击，被炮弹击中，壮烈牺牲。那位俘获了第二辆坦克的骑兵王广华和战友王永丰一起撤退时，被机枪扫中，王广华从肩部到腰部7处负伤，鲜血直流，他紧紧抓住王永丰的手，说："我不行了，给我家捎个信吧。"话没说完，就牺牲了。

吴秀章见坦克火力压住了骑兵，迅速率领坦克绕过小河沟继续西行。骑兵们吸取了教训，决定采取紧追、死缠、硬憋的"狼群战术"，与坦克保持距离，成扇形尾随。这一战术果然奏效。过了一会，一辆坦克打出了白旗。由于之前的作战中坦克的无线电天线、潜望镜均被打坏，无法进行有效的射击，长时间的打炮、快速行进和严重超载，也使坦克内闷热难忍，吴秀章太太在坦克里，几乎憋晕过去，这辆坦克被迫投降了。

前面还有两辆坦克在逃，战马已疲惫不堪，但完成任务要紧。骑兵从马队里挑出20匹体格健壮的战马，继续追击。最后的两辆，一辆陷在泥潭里被俘，剩下的一辆，一直到天色渐暗淡了下来，跑不动了才停了下来。

就这样，华野特纵的骑兵们行程百余里，连续追击了12个小时，将跑出包围圈的6辆坦克全部俘获。战斗中，共有9名骑兵壮烈牺牲，用生命和鲜血谱写了一曲骑兵打坦克的壮歌。

（王文芳）

保温桶：热饭热菜送温情

淮海战役纪念馆的展柜里，陈列着一个用汽油桶改制的保温桶。那是中野9纵26旅76团的炊事员们自己动手做的。在天寒地冻的淮海战场上，这个保温桶曾装满热气腾腾的饭菜，被送到战壕里，让战士们在寒冷的冬天感受到了温暖。如今，保温桶看上去已经有些破旧，但它带给前线战士的温暖，它所见证的战友之情却将随着岁月的流逝永远光鲜。

战役中，前方战士的伙食是炊事员做好以后送到前线的。大规模作战，炊事员少，吃饭人多，要保障伙食供应本身就十分困难，可炊事员们不仅要完成饭菜供应，还要想方设法解决热饭热菜的问题。

当时，天寒地冻，出锅的饭菜不多会就变得冰凉了，菜上的油凝固了，就连喝的水都结了冰，馒头像石头一样硬邦邦的，咬不动，掰不烂。大冷的天，战士们吃了一肚子凉东西，怎么上战场杀敌。看到浴血奋战的战友啃着冷馒头喝着凉水，炊事员们心里别提多着急了，大家下定决心，一定要解决"饭菜凉"的问题。

于是，炊事员喊出了"把热饭、

炊事员们用汽油桶和自己棉衣里的棉花制作的保温桶

热菜、热水送上火线"的口号,"三热"活动在各个连队开展了起来。炊事员们开动脑筋,研究解决问题的方法。中野9纵26旅76团的炊事员们想出了用汽油桶制作保温桶的办法。他们找来

炊事员提出"三热"口号,将热饭、热菜、热水送到前线

一个废弃的汽油桶,用草编了一个大一些的壳子罩在汽油桶外面,然后把自己棉衣里的棉花掏出来,塞进壳子和汽油桶之间。为了携带方便,还找来了两条布带子缝在外面。就这样,一个饱含战友深情的保温桶做成了。把做好的饭菜装进保温桶,保温时间更长了,送到战壕里时,饭菜还热乎乎的。战士们终于可以吃到热的饭菜了。

  要把热饭菜送到前线,光有保温桶不行,还得靠炊事员们的日夜运送。炊事员们背着保温桶,往返在前后方,每天都要走几十里路,每个人只能睡三四个小时,眼睛熬红了,脚磨破了,但没有一个人叫苦叫累。有的炊事员身患疾病,仍坚持工作。遇到追击作战,他们就背着保温桶在后面拼命追赶,部队一停,赶紧送上,保证战士们在第一时间吃到热饭。即使在寒冬腊月,送一次饭,他们也会被汗水浸湿衣服,浑身湿透。送饭途中,他们还经常遇到敌机轰炸和扫射,遇到这种情况,炊事员们从来没有考虑过自身的生命安全,总会第一时间用自己的身体保护好保温桶。飞机飞走后,立即爬起来向阵地跑去。炊事员们还常常把自己的口粮节省下来给战士们吃,自己留下杂粮充饥。有的炊事员一场战役下来,每天只吃红薯、玉米,没有吃过一口白面。虽然生活艰苦,他们却毫无怨言。炊事员薛爽全曾说:"派你到前方去打仗,你就要冲锋流血,派到后

方就要能吃苦，为什么怕苦呢？"

炊事员们还经常换着花样给战士们改善伙食。有的炊事班做包子，有的包饺子，有的做面条和油饼。据中野的一位战士回忆：他们的伙食经常变换，每顿都不重样，这一顿吃包子，下一顿可能就是烙饼，整个战役伙食非常好。

（石　倩）

医疗器械：白衣战士的战地情

　　纪念馆里陈列着淮海战役时解放军医务人员使用过的部分医疗器械，有听诊器、针管、镊子、剪刀，还有洗过很多遍、给很多伤员用过的急救包和绷带。当年，解放军医务人员就是用这样的医疗器械，在连续作战、缺医少药的情况下，承担起了10余万伤员的医疗救治工作。为挽救伤员的生命，仅华野就有241名医务人员献出了宝贵的生命。他们用青春和热血，用顽强不屈和自我牺牲的伟大精神，谱写了一曲白衣战士的生命赞歌。

　　战役中，为提高医治效率，医务人员想尽了办法。他们提出"宁愿自己受苦，不使伤员受苦"，"一切为了伤员"等口号，全心全意为伤员服务。中野某旅卫生处进行了严密科学的分工，把工作人

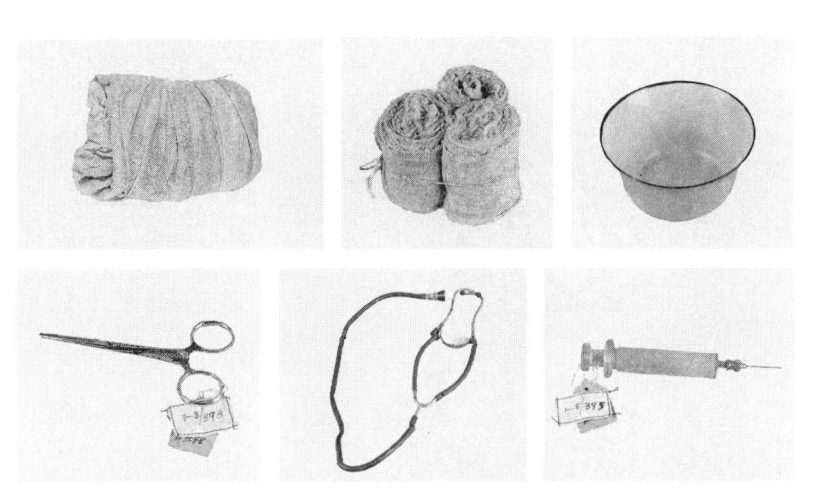

解放军医务人员使用过的医疗器械

员分成了手术组、包扎组、消毒组、医药检查组、转运组、注射组、护理组、登记组、慰问组、生活组等小组,各组间展开了"看谁给伤员服务得好"的竞赛。华野野战医院在工作中形成了"快走、快准备、快收转、快移交"的4快作风。追击战中,一夜能行军130里,到达目的地后,一天内能搭好容下150副担架的转运棚和收治300余伤员的暖棚。任务繁重,许多同志不顾疲劳,常常昼夜不眠。有一次,他们奉命赶到某地接收350名伤员,到达目的地后立即开始工作。16个医务员组成两个换药组、1个器材供给组,半天内就为伤员换好药,并做完了一般检查处理,其中五分之三的重伤员被施行了灌汤、导尿、注射破伤风抗毒血液。

为了让伤员少受痛苦,医务人员更是全力以赴。某旅医务主任冉再恒,创造了"手术演习"法:伤员到来之前,他带领全体医生、护士演习给伤员动手术的各项动作,由医生们装扮成各种受伤的伤员,然后逐一研究怎样动手术最快,最安全,什么样的动作能最大程度的减轻伤员的痛苦。战斗激烈时,有一个医疗队的4架手术台一刻也没停歇,医务科长吕传德因过度疲劳而晕倒,醒来后,仍要求上手术台;中野4纵11旅的医生共救治了1 200余名伤员,有时手术时间长达16小时,主刀医生不能进食,小便就在裤子里,许多看护员劳累过度昏倒在地。

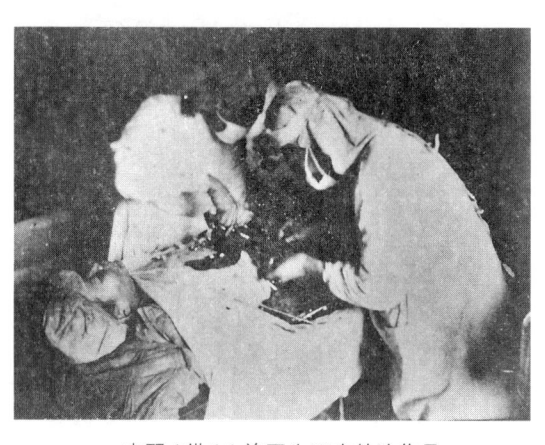

中野4纵11旅医生正在救治伤员

医务人员还常常主动给伤员输血。某师卫生部70余工作人员主动要求输血,护理班长钱金运是个三等残废,也坚决要求输血,共输了200 cc血。

遇到紧急情

况，医务员们更是冲在最前面。有一次，一个战地医院病房被飞机投弹引燃了，医院的廖政教等6人冒着烈火冲进病房，将10名躺着不能动的重伤员全部救出。抢救中，刘更新的双目被烟火烧伤，仍摸索着救出了伤员。还有一次，某旅看护员白国珍在包扎所进行包扎时，医院被敌人炮火封锁了。他不顾危险，另外开辟了一条路，冒着火力封锁，把伤员一个个地背了出去，一连背了8位伤员，为了发扬这种为伤员服务的精神，旅里开展了"白国珍运动"，号召全体医务人员向他学习。更多的卫生人员在繁重的护理工作中废寝忘食。某部二所敷料员徐育英为100多名伤员服务，曾3天3夜没有离开洗敷料的池塘，双手化脓仍在冰冷的水中洗敷料，吃饭时班长常常把饭送到池边上。某医疗队消毒班的耿福恩，每天平均用冷水洗涤手术台上沾染血渍的布块300块，致使皮肤溃烂。

  淮海战役中，这样的故事数不胜数。今天，我们已很难知晓到底有多少人参加了淮海前线的伤员救治和护理工作。但有资料显示，整个战役中，解放军共组织了数十所医院和卫生所，还动员一部分地方医院，共布置了伤员转运线10余条，沿线设置临时医院30余个，卫生所40余个，伤员转运站30余个，总计收容伤员8万余人，救治伤员10万人。成千上万白衣战士克服困难，日夜救治，连续作战，奋不顾身，为淮海战役的胜利做出了杰出的贡献。

（姚春红）

小竹竿："普通"的一级文物

我是一根竹竿，一米来长，模样平常，可别看我普通，我却是纪念馆的一级文物。

那是1948年的一天，我的主人把我带到了淮海战场，我的命运从此发生了改变。大概有半年多的时间，我跟随主人跋山涉水，走遍了整个淮海战场。我见证了支前民工运输的艰辛，更被大家看作是人民支前的缩影。所以，从战场上回来后，我就被送到了淮海战役纪念馆，还被定为国家一级文物。

如今，我的名气可大了。每天都有很多人来看我，看到我时还常常发出赞叹。说到这儿，您一定非常好奇，我的主人是一个怎样的人？而我，又有什么珍贵之处呢？就让我们一起回到60多年前的淮海战场，重温我的主人和他的同伴们支前的故事吧。

我的主人叫唐和恩，是山东莱阳县人。他个头不高，脸庞红通通的，腰板直挺挺的，一看就是个勤劳忠厚的庄稼人。

土改后，我的主人终于拥有了自己的土地。那天，主人正在自

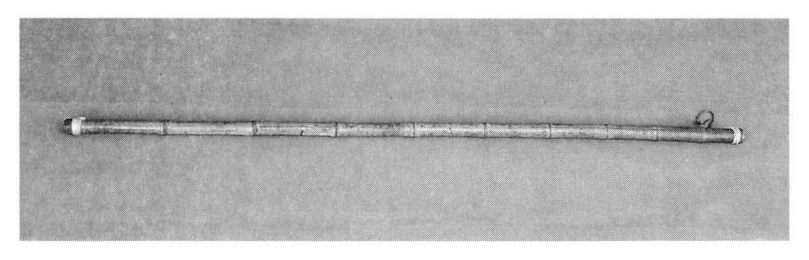

小竹竿成为支前民工支前历程的生动见证

己的地里收庄稼，听说村里组织民工队到淮海前线去，二话没说，放下手里的活，第一个跑去报了名。村干部看到他来了，笑着说："去年你不是参加过南麻战役了吗，这回就别去了。"主人听到这话生气地说："咋了，支前还论回数？"村干部拧不过他，只好让他参加，并推选他当了小队长。

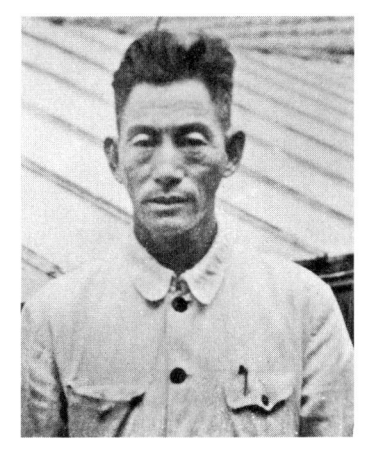

特等支前功臣、华东支前英雄、山东莱阳支前民工唐和恩

出发的日子就要到了，主人在家里忙着收拾行囊，防雨防雪的蓑衣、吃饭用的碗、喝水用的葫芦瓢，还有我，都被他塞进了行囊。

第二天，主人率领小车队，开往了淮海战场。走着走着，主人突然慢下脚步，拿出小刀在我身上刻下了家乡的名字。有位队员上前询问，主人笑呵呵地说："我每到一处或是完成一次转运任务，就要把地名刻在这根小竹竿上，等到全国解放了，拿给子孙后代，让他们也了解了解，当年咱老百姓是如何支前的。"运输线上道路崎岖，主人走累了就拿我当拄棍，遇有河流阻挡，就用我来探深浅，风雪淤泥中用我寻道路。有时候，遇到国民党军的飞机轰炸，主人就在我身上绑着树枝和茅草伪装防空；翻山越岭行路困难，主人就把我高高举过头顶在最前面引路。主人总是能带领小车队准确、及时地到达目的地。

运粮途中，主人和他的队友们还想尽办法节省粮草，自己吃红高粱、红辣椒、红萝卜咸菜，他们称作"三红"的饭，省下大米、白面给子弟兵吃。他们冒着风雨严寒，踏着泥泞的道路，走过了一个又一个村庄。有一次，雨雪交加，我看到主人和队员们把自己身上保暖的蓑衣、棉衣脱下来，盖在粮车上，宁愿自己淋湿，也不让军粮淋湿。我还常常看到，他们的鞋和袜磨破了，脚上都是血泡和血口，可他们从未停止过前进的脚步。

  一路上，我还听到了很多：飞机袭扰的轰鸣声，炸弹落地时的爆炸声，冬日北风的呼啸声……而我听到最多、最清晰的，是他们慷慨激昂的歌声："不怕苦，不怕难。爱护公粮理当然，粮食就是命根子，打敌人的老本钱"。就这样，我一路听着、看着、感动着……仿佛我也变成了支前民工中的一员。记得有一次，雨雪过后的夜晚，温度直线下降。主人和队员们冻得直打哆嗦，但没有一个人叫苦。乡下的泥土被雨雪浸泡过后，格外的滑，车子一动就压出一条深沟，一辆辆满载军粮的独轮车，艰难的行走着。快到村头的时候，主人的小车陷进了泥坑里，推也推不动，拉也拉不出。这下可急坏了主人。只见他憋足了一口气，猛地一拉，只听"嘣"的一声，绳子被拉断了，主人一头栽到了泥坑里，满身满脸全是泥。爬起来才发现门牙磕掉了一颗，胸前全是血。队友们关心地围了过来，可主人却说："不要紧！前方的战士身上穿个窟窿还照样冲锋，咱磕掉颗牙算什么。"说着，便擦去脸上的泥巴、血迹。主人将这个村子的名字刻在了我身上，那是他最难忘的地方——郭庄。

  就这样，半年多的时光里，主人密密麻麻地刻下了88个城镇、村庄的地名，将这些地名连接起来，就形成了跨越三省、长达3千公里的人民支前历程图。

  淮海战役后，主人被评为特等支前功臣，并荣获了"华东支前英雄"的称号。他的事迹还被搬上了银幕，电影《车轮滚滚》中耿东山的原型就是我的主人。而我，一根极其普通的小竹竿，也住进了新家——淮海战役纪念馆。如果你们在纪念馆里看到了我，千万要记住我主人的名字啊，他叫唐和恩。

（梁天琪）

狗皮、蓑衣、葫芦瓢：支前民工的"三件宝"

狗皮、蓑衣、葫芦瓢，看到这三样东西，大家不禁会问，它们有什么特别之处呢？它们之间有联系吗？除了能猜到蓑衣挡雨，葫芦瓢喝水，其他真的很难想象。可就是这些普通的用品在淮海战役中却发挥了巨大作用，被民工称为"三件宝"。这是怎么回事呢？

下面，让我们一起聆听一块狗皮、一件蓑衣和一个葫芦瓢的故事，一起领略那些平凡中的不凡。

淮海战役时，民工支援前线的条件十分艰苦。很多支前民工济南战役时就开始随军转战，离家数月，缺衣少穿。冬天来到了，很多人却没能换上棉裤，鞋子磨烂了，有的人也没能得到及时补充。那时，能有一块狗皮是很不错的事，披在身上可以遮风挡雨，盖在身上可以抵御严寒。来自山东省费县梁邱马蹄河子村担架团5营的连指导员王奎行就有着一块这样的狗皮。可这块狗皮，却常常不在王奎行的身上。

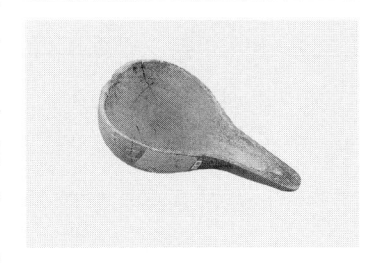

狗皮用来取暖，却常常被垫在了伤员身下；蓑衣用来遮风挡雨，却常常盖在伤员身上；葫芦瓢用来吃饭，却常常用来给伤员接大小便

抬送伤员时，每次遇到伤势严重的伤员，王奎行都会拿出这块狗皮，铺在担架上，给伤员取暖。他知道，重伤员特别是流血过多的伤员最怕冷，而他自己却衣着单薄。每次看到冻得直打战的王奎行，伤员们都会眼含热泪。王奎行对伤员的关心热爱，不仅伤员看在眼里，队友们更是记在心里。一天，王奎行父亲病故的消息传来，领导让他回家看看，可王奎行擦了擦眼泪说："我是一个共产党员，我决心一定打垮敌人，打不垮敌人决不回家，我应把我悲痛的心情，变成杀敌支前的决心。"此后，他一边暗自抹泪，一边坚持带领大家完成了支前任务。王奎行后来被评为一等功臣。纪念馆里陈列的那块狗皮，正是这位一等功臣捐献的。

蓑衣是老百姓用一种不容易腐烂的蓑草编织的，用来遮雨的雨具，也就是雨衣。1948年秋天，河南鄢陵县58岁的马中灿，穿着这样一件雨衣来到了淮海前线，抬送伤员。转运伤员途中，他总是想方设法减少伤员痛苦，还常常给队员们讲解放军为老百姓战斗的道理，要大家一心一意照顾伤员。他常说，遇到重伤员一定要走得慢一点，一定要做到轻放轻起；遇到下雨天，一定要拿蓑衣或衣物盖在伤员身上。淮海战役纪念馆展出的蓑衣，就是当年马中灿给伤员盖过的那件，那位伤员看到马中灿浑身湿透，感动地说："你比我爹娘还亲，我一辈子也忘不了您，伤好以后要给你们去信。"马中灿后来荣获了一等功。

葫芦瓢是用葫芦干壳锯成两半做成的"大勺子"，是民间常用的一种舀水工具。淮海战役时，葫芦瓢几乎每家每户都有，用它舀水吃饭特别方便，用它盛水还能起到净化水的作用。可是，谁能想到，支前担架员抬送伤员时，这些作用一样也没发挥出来，担架队员总是把葫芦瓢另作他用。有些伤员受伤严重，疼痛难耐，无法自己支撑着大小便，为了减轻伤员的痛苦，担架队员们就把自己吃饭喝水的葫芦瓢用在了给伤员接大小便上。一位叫刘同吉的民工，曾用葫芦瓢给伤员接过10余次大小便。据不完全统计，90%以上的民工都曾用葫芦瓢给伤员接过大小便。

把抵御风寒的狗皮垫在伤员身下,将遮风挡雨的蓑衣盖在伤员身上,用吃饭喝水的葫芦瓢给伤员接大小便,这展示了支前民工怎样的高尚品质和与人民军队之间怎样的鱼水深情啊。或许,正是这些让普通得不能再普通的物品变得高贵无比吧。

(郝　娜)

簸箕：儿童团员碾米忙

山东鄄城县苏集村有一个儿童团。说起这个儿童团，可是大名鼎鼎。

1946年，儿童团成立了。在对敌斗争中，儿童团站岗放哨，保卫生产，表现得十分出色。淮海战役开始后，儿童团又活跃在了支援前线的队伍中。

那时候，家家户户忙生产，男女老少忙支前，加工军粮做军鞋，全村上下紧张地忙碌着。一天，村干部到县里开会，在会上接受了1个月内碾米3万斤的任务。1个月碾米3万斤！这对于缺少劳力和碾米工具的苏集村可不是个小事。接受任务后，村里召开了全村群众大会，儿童团的团长苏华敬参加了大会。看到任务这么繁重而又紧急，苏华敬觉得儿童团应该当仁不让，

鄄城县苏集村儿童团加工粮食时使用过的簸箕和风车

为大人分担，他当场表示：给我们儿童团分配5千斤吧，我们保证完成任务。5千斤？大家都用怀疑的目光看着他，他坚定地说："我们和妇女会比赛，看谁完成的又好又快。"

开完会后，苏华敬立即行动了起来。他把儿童团的15名团员召集起来，进行了分工。一共分成3个小组，每组5人。有碾米工具的组成碾米组，由年龄比较大的团员组成；没有碾米工具的组成舂米组，由年龄较小的团员组成；年龄再小一些的组成宣传组。

碾米开始了。寒冬腊月，天气异常寒冷，还不时地下雪，风雪交加。

碾放置在露天，下雪时碾道泥泞难走，碾米组的5名团员冒着风雪，踩着泥泞，推着碾，困难重重。但是没有一个团员叫苦叫累。他们争先恐后，不分昼夜地你推我碾。

碾米的时候，还出现过一些小插曲。

有一次，团长苏华敬为减轻大人们的负担，主动带领大家扛谷子。可团员们力气小，扛不动，他们就两人去抬。苏华敬觉得自己是团长，年龄又大些，应该带头，就一个人去扛袋子。可一个袋子重100多斤，苏华敬力气小，在雪路走着，一下滑倒了。大家赶紧跑过来想扶起团长，发现他为了不让谷子撒出来，倒在地上手里还紧紧地抓着口袋。把团长扶起来后，才看到他的胸前都是血，两颗门牙被磕掉了。

还有一次，有个团员肚子饿了，有人提议取点米烧米汤喝。但这个提议立刻遭到了大家的反对，大家纷纷表示：宁愿挨饿也不能动一粒军粮。

舂米组的团员也不甘示弱。他们找来了5个米窖，日夜不停地舂着米。可是舂米的速度太慢。怎么办？团员们就开动脑筋想办法。他们发现，用磨也可以加工粮食。但是直接磨，不仅会把米麸谷糠磨掉，还会把米和谷子磨碎。于是，他们就试着在磨盘上垫上鞋底，这样可以增加磨与磨之间的高度。经过反复试验，终于成功了。用这种方法磨米，一天可加工粮食150斤，既不会把粮食磨碎，又可以提高加工的速度。试验成功时，团员们都高兴得跳了起来。

宣传组也没闲着，他们编了口号和歌谣，激励着大家。

村子上空时时传来儿童团坚定的口号声："宁愿手冻烂，也要把米碾"，传来大家的歌声：

"儿童团不怕寒，

碾好米来送前线，

同志们吃了有力量，

消灭敌人不费难。"

就这样，儿童团克服了种种困难，经过11天的艰苦奋战，一共碾米9 500斤，超额4 500斤完成了任务。村民们得知儿童团超额完成任务的消息后，纷纷竖起了大拇指，都称赞儿童团不简单。要知道，团里最大的团长苏华敬也只有15岁。

如今，儿童团加工粮食时用过的簸箕保存在纪念馆里，默默地讲述着一群少年碾米支前的故事。

（姚春红）

奖旗：妻送郎君上战场

纪念馆里陈列着一面奖旗，红色的丝绸面上绣着"夫妻两立功"5个大字。奖旗是胶东福山县政府赠送给冯家庄青年妇女谭贵英的。1948年秋天，谭贵英主动劝丈夫参军，在她的带动下，全村又有27名青年报名参军。为了表彰谭贵英的贡献，县政府赠送给了她这面奖旗。我们查阅了大量资料，但对于谭贵英，资料上的记录只有短短的这几行字。

尽管奖旗主人的事迹所知甚少，奖旗上的字迹也略显模糊，但那红红的旗面却似乎在向人们讲述着无数个"谭贵英"动员亲人参军的故事，展示着当年解放区人民父送子、妻送郎、兄弟争相上战场的火热情景。

山东莒南县就有一个父送子参军的故事。有位农民叫郑信，1948年秋天，全乡干部召开扩大武装的大会时，他在会上表示："要想保住好日子，就要连根打倒国民党反动派，现在胜利已经到了这样了，我的小孩也不小了，我一定动员儿子培荣参加咱的队伍！"这一天，郑信和儿子一起铡牛草，顺便和儿子聊了起来。他说："上年这时咱叫国民党

山东福山县谭贵英夫妇荣获的"夫妻两立功"奖旗

解放区人民踊跃报名参军,掀起了父送子、妻送郎、兄弟争相上战场的热潮

逼得跑到外边还没回来,现在国民党眼看就要完蛋啦!听说咱的军队连着拿下了很多的大城市,消灭了这么多国民党部队,可是要快些胜利,咱的队伍还得再扩大才行……"儿子说:"我看还得参参军才行。"郑信说:"对,参军打国民党反动派既光荣,个人进步也快。是的,我想起来了,你整天想学习,在家也没个空学,我看你约大蓝去参军吧?"郑培荣看了爸爸一眼说:"只要你同意,人家不去我也去。"但他也有担心:"我去参军别的我不惦挂,就是你年纪这么大了,俺两兄弟还小,大姐参加工作了,就怕生产要成问题!"郑信说:"家庭你别挂念,我虽然59岁了,干活小青年还不赶我,还有你二姐,也很能干,你两兄弟虽小,也能干些活了。"就这样,郑信动员自己的儿子参了军。

沂源县还有一个兄弟争着去当兵的故事。有位叫刘秉乾的老大爷,有4个儿子。二儿子刘树铎是共产党员,也是支前模范。淮海战役时,村里召开了动员参军的大会。刘树铎当时就说:"我家弟兄4个,我保证去。"可他的话没说完,他四兄弟刘树厚就接着说:"二哥去那还行吗?参军得我去!"刘树铎说"我去",刘树厚说:"我去,你不能去……"兄弟二人争执不休。最后刘树铎说:"咱们别争了,让大家讨论下,同意谁去,谁就去吧!"结果参加会议的120多人有一百多人认为刘树厚年轻力壮,他去参军比较合适,这样才使兄弟二人之争平静下来。刘秉乾大爷听说刘树厚要去参军,急忙赶到会场,说:"我来送子参军!"他说:"我送子参军是有道理的,我66岁的人了,国民党害了我,共产党救了我,还能忘了恩吗?"

在江苏东南县,还有这样一个动人的参军故事。23岁的钱秀清是一位妇女主任,和她从小订婚的恋人是21岁的蒋锦斋。两人住得很近,碰头的机会很多,可是碰面时,不是她脸一红,就是他脸一红,都不好意思说话。为了动员参军,区里召开农代会,两人都是代表,在会上碰到了。钱秀清想:"没有解放军,哪有今天翻身当妇联主任,这次参军要动员心上人去。"但是两人平时很腼腆,不太说话。于是,她想了想,就请指导员写了一封信给蒋锦斋。信上写道:"现在形势很好,我们青年再出一把劲,胜利就会很快到来,希望你这次光荣去参军,解放全中国,那时太太平平我们再结婚,接信后抽空谈谈。"信写好了,她在自己名字下面盖了个指印。然后又请指导员捎话给蒋锦斋:"我们虽从小订的婚,但意志相同,两人都是共产党员,我劝他去参军有3个保证:第一,我绝没有两条心;第二,我保证积极工作进步;第三,他家当我自己家一样来照顾。"蒋锦斋接到信后,想到被"还乡团"打得半死的情景,觉得应该去参军,但又舍不得离开钱秀清。他一遍又一遍地看了信,觉得信上的话说得很对,就写了一封回信:"来信收到,我带头参军已准备好。不过爹娘要拖尾巴,希望你帮助我打通,希望你在乡里做好全乡优属工作,等全国胜利回来再团圆。"

这样的故事不胜枚举。有了解放区人民的踊跃参军,解放军的队伍越打越壮大。据不完全统计,从1948年10月至1949年3月,仅山东解放区就有16.8万名青壮年参军。

(姚春红)

棉袍：战场上的"急救包"

淮海战役纪念馆里，陈列着一件半截棉袍，它普通而又破旧，背后却有着一段感人至深的故事。

棉袍的主人叫石连生，是山东乐陵县的一位普通农民，1948年参加了淮海战役支前担架队。临行前，妻子给他做了件崭新的棉袍，棉袍厚厚实实，长度过膝，非常暖和。穿着这件棉袍，石连生跟随解放军来到了淮海前线。

石连生热爱伤员，亲如兄弟。

一次，担架队往后方运送伤员，被一条大河挡住了去路，河上的桥已被炸断。河面有五六百米宽，并且结了一层冰。时间就是生命，一定要尽早地把伤员送到后方医院。想到这里，石连生第一个脱下棉衣，跳进了水里。在他带领下，队员们纷纷抬着担架下了河。为保证伤员不受寒，他们用力把担架举过头顶，硬是一步一步把伤员举过了河。

淮海战役正是秋冬之季，天气格外寒冷，可石连生的棉袍常常不在自己身上。有一次，解放军某团的一辆军车轧到了一颗地雷，4名战士当场受伤。石连生不顾个人安危立刻带人冲了上去，

石连生经常把棉袍撕开，取出里面的棉花，给伤员擦血污。一件长袍变成了短袄

把伤员抬了下来。寒冬腊月，石连生生怕伤员冻着，就脱下身上的长棉袍，盖在了伤员身上，他自己却冻得直打战。

不仅如此，石连生还经常把棉袍撕开，取出里面的棉花，给伤员擦血污。

一次，战斗激烈，伤员不断增加。解放军阵地遭到猛烈的炮火轰击，后续部队增援受阻，前线到营包扎所的道路都被截断了。此时，石连生正率领担架队员在前线抢送伤员。眼看着受伤战

受到过毛泽东接见的山东乐陵县特等支前功臣石连生

士不能得到及时抢救，石连生心急如焚。他爬到队友张墨升、李一山身边说："前面有土沟可以隐蔽，火力紧了，咱就趴在土沟里，松了，咱就跑，一定要抓紧时间赶过去。"一个伤员听到后劝他："这里太危险，你们赶快回团卫生所去。"可他二话没说，带着3副担架沿着废墟、土沟冲了出去。刚到阵地，发现一个伤员在炸倒的矮墙下呻吟。他立即扒开土墙，把伤员救了出来，抬在了担架上。只见伤员的大腿被子弹打穿，鲜血不断涌出。找不到包扎物品，怎么办？情急之下，石连生迅速把自己崭新的棉袍撕开了一个大口子，扯下来一大块棉花，一点一点给伤员擦去泥土和血污，帮伤员止血，挽救了伤员的生命。

还有一次，夜间抢救伤员，石连生像往常一样从棉袍中抽出棉花，撕下布片为伤员包扎。包扎时，他发现伤员小腹鼓得很厉害，不断呻吟，凭他转运伤员的经验，他断定伤员是小便梗死，必须马上引流。可是这里离卫生所很远，拖延下去很危险。于是他立即俯下身去，用嘴为伤员一口一口地吸尿。小便终于流出来了，伤员感动地说："老大哥，你待我情深似海，俺爹、俺娘、俺亲哥也做不到这样，我这辈子忘不了你。伤好了，我一定多杀敌人报答你。"

石连生就是这样奋不顾身抢送伤员，全心全意照顾伤员。没

有人统计过他抢救运送了多少伤员,队员们只是见到他身上的棉袍不断变薄、变破、变短。到战役结束时,出发时那件崭新的过膝长袍,变成了一件破旧的短袄。

战后,石连生被评为"特等支前功臣"。1951年国庆,他受到了毛泽东主席、周恩来总理等国家领导人的接见,他的半截棉袍也作为珍贵文物陈列在了淮海战役纪念馆里,向后人讲述人民对伤员的热爱。要问他们为什么那么热爱伤员,一位民工创作的诗歌道出了他们的心声:"我们民工同志,好好爱护伤员,伤员为咱流血,咱为伤员流汗。为国为民,流血流汗,伤员为咱,咱为伤员。"

(王文芳)

木棍：拄着木棍抬伤员

淮海战役纪念馆支前厅陈列着一根普通的木棍。木棍长1.3米，表面粗糙，呈灰褐色。它的主人就是在淮海战役中获得"钢铁担架队员"称号的朱正章。当年，朱正章拄着这根木棍往返8趟运送伤员，完成了转运任务，被华东支前委员会评为特等支前功臣。

这根木棍背后，有着怎样的故事？

木棍的主人朱正章是山东莒南人，参加淮海战役时44岁。他从小受尽地主的剥削，10岁开始给地主干活，当了16年雇工。生活的艰辛磨炼了他坚韧不拔的意志。解放军来到家乡后，他终于获得了解放。1943年，朱正章加入中国共产党，淮海战役时，这位有着5年党龄的老党员参加了莒南县担架队，被选为2营3连3排的班长。

淮海战役打响后，朱正章跟随部队担负抬送伤员的任务。

执行任务时，他发现自己的左腿上长了一个疮。刚开始的时候只是红通通的一小块，有点疼和痒。随着天气越来越冷，加上不停地奔波，冻疮被裤子磨来磨去的，慢慢地越来越大，后来有碗口那么大，肿胀疼痛。可他没有告诉领导和队员，仍坚持抬送伤员。一路

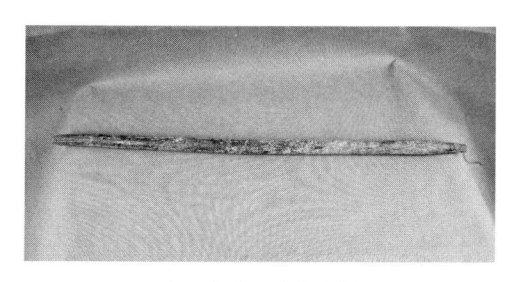

朱正章使用过的木棍

山东莒南县特等支前功臣朱正章

上,到处是泥泞的山路、深深的雪地和冰冷的河流,但朱正章从没停下脚步,他总是说:"解放军在前方英勇奋战,为咱流血牺牲,咱抬抬担架留点汗又算什么!"后来,冻疮变得越来越严重,移动起来都很费力,他仍没有退缩,咬着牙,用布扎紧冻疮,又找了一根木棍,拄着木棍坚持抬担架。队员们注意到朱正章总是拄着木棍,知道他的腿受了伤,劝他不要再抬了,他却说:"共产党对咱的好处那么大,土改后分了地盖上了新房子,娶上了媳妇,弟弟又在队伍里,自己怎么能不积极呢?"

伤口疼痛难忍,朱正章却从不叫苦叫疼。疼急了的时候,他就拄着木棍走来走去,队员们问他走路干啥,他总轻描淡写地说脚有点疼。由于得不到治疗和休息,冻疮到了化脓流血的地步。领导知道后,坚持要他去治疗,他才到医疗所去包扎了一下。领导要减轻他的任务,他却说:"冻疮虽然严重,但比起伤员的伤口,那就没什么了。"每次任务他都坚持完成,有一次还和大家一起完成了连续6昼夜的转送任务。

即便伤口疼痛,朱正章心里想的仍然是伤员。抬伤员时他总是小心翼翼,过河过沟,生怕颠坏了伤员;路不好走,他就背着伤员走;伤员要大小便,他不是背着出去解,就是用小瓢接大小便;他发的钱舍不得花,节省下来给伤员买糖和鸡蛋吃;伤员要喝水,他总是到村子里找热的稀饭、米粥给他喝,并给伤员讲,医生不是说过吗?刚受伤不能喝冷水,喝了对伤口不好。看到朱正章拄着木棍一瘸一拐忙碌个不停地样子,伤员们都很感动,纷纷表示要"在战场上多打胜仗、多抓俘虏来报答他"。

就这样,朱正章拄着木棍,拖着溃烂的左腿,出色地完成了转送任务。他先后8次抬送伤员,行程约600里。庆功会上,首长亲自给这位荣获特等功的支前民工戴上了光荣花。那一刻,他傻傻地笑着,说:"共产党、毛主席领导咱翻了身,他们为咱流血牺牲,咱抬抬担架,照顾一下伤员要再干不好,那就不对头了。"

（郝　娜）

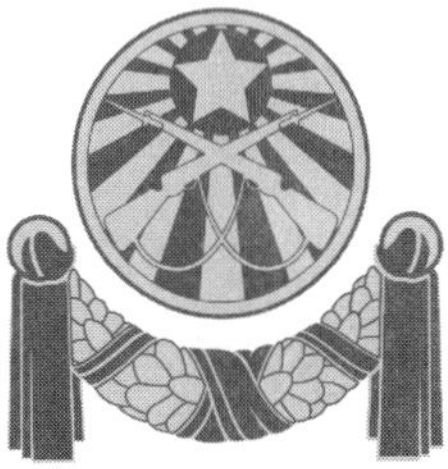

第二篇
英烈故事
——讲述不朽的生命传奇

不是每个烈士都为我们熟悉
不是每个故事都惊天动地
但我们没有权利忘记
让我们一起
铭记英雄
汲取前行的力量
探索永恒的奥秘

晋士林:"虎团长"只身入虎穴

建普同志:

你这两次来信都没有捎相片,后方经济困难吗?咱们新婚后在湖西丁大庄的照片我还保留着,可惜已经褪了色……

这是晋士林烈士写给妻子的一封信,字里行间流露出对亲人的思念之情。照片虽然褪了色,但人们的记忆却永远不会褪色,晋士林只身入虎穴的故事不会褪色。

晋士林是华野1纵2旅4团团长,一位山东大汉。十多年的战斗生涯,把他锻炼成为一个智勇双全的指挥员。

淮海战役打响后,国民党军第181师543团陷入了解放军的重重包围。为了瓦解敌军,使其投降,经过周密思考的晋士林决定亲自深入敌营,对敌团长胡树基展开政治攻势。战士们不同意他孤身前往,晋士林却坚决地说:"这是一场攻心战,我有把握,你们放心吧。"

此时,543团正焦急地议论脱逃之计,忽然,一哨兵跑来报告:"前沿阵地来了共军,说一定要见团长。"

晋士林,山东省聊城人,1913年出生,1937年入伍,同年加入中国共产党,历任班长、排长、连长、营长、团参谋长、旅训练处长等职,牺牲时任中野1纵2旅4团团长

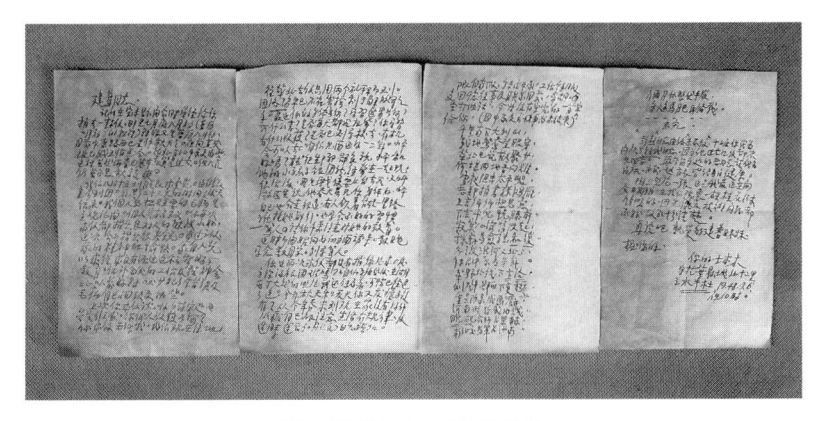

晋士林写给爱人孟建普的信

团长胡树基慌乱地站起来问道:"来了多少人?"

"就一个。"哨兵回答。

"后面没有大军吗?"

哨兵摇摇头。

"看清楚了吗?"

"是。"

胡树基松了口气:"让他进来,我在这见他。"

晋士林迈着大步走进敌团部,面无惧色地说:"请问哪位是胡团长?"

胡树基铁青着脸回答:"我就是。什么事?"

"我是解放军的团长,叫晋士林,想和胡团长谈谈。"说着,走进桌旁,脱下军帽,径自坐下。

胡树基没想到进来的对手竟然如此坦荡,相形之下,自己显得太过惊慌,忙说:"我胡某人是个痛快人,直肠子,喜欢开门见山,晋团长这次来不会是劝降的吧?你们的政治攻势虽然厉害,我们也领教过,可对我们543团来说,起不了什么作用。"

晋士林打量他一眼,严肃地说:"领教就好,照当前形势,希望你能归顺民意,放下武器投降。"

胡树基说:"你觉得我会投降吗?"

"那当然由你决定。"晋士林说,"如果顽抗到底,后果你应该清楚。"

胡树基听完这番话,皱着眉头一言不发。他知道这个解放军团长说的是真的,可要他率部投降,还是有些犹豫不决。晋士林看穿了他的心思,又说:"你到前沿阵地观察一下,看清楚双方态势,回来再决定是战还是降。不过,我们的任务很紧,不可能在此多等。"说罢,便要起身告辞。胡树基知道,晋士林一走,他面临的将是一场大战,心里有点害怕了,忙说:"晋团长,我们可以单独谈谈吗?"此时,晋士林明白,这场攻心战,他已经赢了。

劝降胡树基后,战役不断向纵深发展,晋士林率4团战士接受了守备黄家村的新任务,面对着美式武器装备的王牌部队,晋士林英勇机智,果断率领全团打退了敌人的数次强攻。当胜利即将来临时,一发炮弹落在了他的身边,英雄的鲜血染红了脚下的土地。

晋士林带着对亲人的牵挂,对新生活的渴望离开了我们。在一封永远无法寄出的信中,他的妻子这样写道:"你虽长眠不醒,但你永世不朽的精神,我要继承下去,好好抚养你爱的平儿,为未竟之革命事业,加倍努力。你安息吧。"

(李　瑶)

张树才：解放战士飞身炸地堡

张树才生于贫农家庭，7岁种田，11岁放牛，19岁起给地主当了4年长工，23岁被国民党抓去当兵，历尽了苦难和压迫。他离家时曾对母亲说："我一定要报仇，把地主、坏蛋、乡长打倒。"39岁时，他在孟良崮战役中被解放入伍，40岁时加入中国共产党。经过短暂的诉苦教育，张树才很快成长为一名坚强的革命战士。他性格倔强，胆子大，在家乡时就因和地主做斗争，被村民称为"天不怕"；他作风踏实，办事老练，言语不多，总是做得多说得少；他关心战友，经常帮战友烧洗脚水、扛枪，战友们都叫他"老大娘"；战斗中，他英勇顽强，为能更多地消灭国民党军，他主动要求到爆破组，成为一名爆破组长。淮海战役前，在写给党组织的一份决心书里，张树才说："我知道谁是敌人，我知道为谁打仗，我不怕一切牺牲，坚决完成任务。"

淮海战役第一阶段围歼黄百韬兵团的战斗中，张树才所在的8连接受了攻打大张庄的任务。大张庄位于碾庄南面，是解放军进攻碾庄圩、消灭黄百韬兵团的必经之路。要攻克大张庄，必须先攻克大张庄的外围村庄——小张庄。小张庄周围交通

张树才，四川省万县人，1908年出生，牺牲时为华野6纵17师51团8连爆破组长

壕连绵，正面是一片洼地，西南角筑有核心地堡，西北角由大张庄守军火力封锁，易守难攻。守军是国民党军150师449团一个营，他们凭借着优势火力，进行着防御。

11月12日晚，张树才所在连队开始攻打小张庄。当时8连只有69名战士，战斗打得仓促，解放军炮兵还在后面没有跟上来，8连只有5门六〇炮、4挺重机枪，而守军为一个营，是解放军兵力的3倍，庄子正面是洼地，不利攻击。在观察地形之后，8连把突破口选择在了洼地的左侧一座大地堡处，冲锋道路没有隐蔽物，只是在接近前沿50多米处有几个小坟包，是冲锋出发地。夜里1点，攻击开始。为炸掉地堡，连里派出爆破员李守强，只见他在机枪掩护下，借着敌人照明弹的亮光，飞快地向地堡冲去。就在距地堡仅十几步远的时候，突然中弹牺牲。战士们一次次冲锋，一次次被阻，敌人的火力更加凶猛，解放军的伤亡不断地增加。怎么办？看着相继倒下的战友，张树才挺身而出，他坚定地向连长请战："连长，不炸掉地堡，我绝不回来！"连长看着眼前这名共产党员，点了点头。张树才随即抱起20斤重的炸药包，向地堡飞奔而去。

在战友们的火力掩护下，张树才接近了地堡。但在离地堡十几米时，国民党军发现了他。地堡里窜出了3个人，端枪大喊："抓活的！抓活的！"面对迎面而来的敌人，张树才毫不畏惧，连续扔出两颗手榴弹，敌人应声倒下。紧接着，又有几个敌人向张树才扑来。就在这生死存亡的紧急关头，张树才毅然拉响了炸药包的导火线，看到他怀里"嗤嗤嗤"的冒着白烟的炸药包，敌人吓得连连后退。张树才乘机一个箭步冲向地堡，把炸药包牢牢地抵在了地堡上。只听"轰隆"一声巨响，熊熊的火焰腾空而起，地堡被炸飞了，张树才也壮烈牺牲。战士们含着泪高喊着"冲啊，为张树才报仇"，沿着张树才用生命开辟的前进道路，迅速冲进了大张庄，歼灭了大张庄守军。

战役结束后，张树才被上级党委追认为模范共产党员、特等功臣。他的英雄事迹，经新华通讯社和中央人民广播电台传播后，在军民中广为流传。

张树才23岁离家，半年后曾给家中去过一封信。直到他牺牲12年后，我们去他的家乡万县征集遗物时，家乡人民才知道他牺牲的消息。万县政府历经数月找寻他的家人，得知他的父母已亡。我们搜集到他用过的物品——小勺和茶壶，破旧的遗物寄托着对亲人的怀念。他牺牲地的人民自发搜集了被他炸毁的地堡石头和染上烈士鲜血的泥土，向人们倾诉着烈士的壮举，表达着后人对他的无限敬意。

战地人民搜集了被张树才炸掉的地堡的石头，作为对他永远的怀念

（张旗军）

储有富：战斗模范奋勇堵枪眼

淮海战役中，有这样一位英雄，为了战斗的胜利，为减少部队伤亡，奋不顾身，用自己的胸膛堵住了敌人的枪口。他，就是储有富。

那天，储有富所在的部队接受了打彭庄的战斗任务。彭庄是一个有着100多户人家的村落，是黄百韬兵团的外围防御阵地，距离黄百韬兵团指挥部只有4公里。为了守卫彭庄，国民党军在村内村外构筑了大量地堡、交通壕，形成了以地堡群为骨干、犬牙交错、纵横贯穿的防御阵地。而且彭庄的地形也很特殊，庄外有围墙，庄内有6个大大小小的水塘，易守难攻。

1948年11月14日晚上7点50分，解放军的攻击开始了。

成排的炮弹呼啸着划破寂静的夜空，霎时间，国民党军阵地上硝烟弥漫，响声震天。经过10分钟的火力准备，国民党军阵地外围工事及障碍物大部被摧毁，这为攻击部队扫清了障碍。8点，攻击部队发起冲击，储有富所在连队担任向彭庄西南角突击的任务，他带领突击队员们快速接近敌人阵地。就在这时，敌人集中火力进行反击，企图趁解放军突击

储有富，江苏省淮安县人，1922年生。牺牲时任华野6纵18师52团9连1排排长。曾在沙土集战斗中荣获"战斗模范"的光荣称号

储有富寄给父母的华中币

部队立足未稳,用猛烈的火力阻拦和反扑。储有富和突击队员们被压到了一个水塘边,三面都是敌人,火力猛烈,压得战士们抬不起头来。情况紧急,储有富毫不慌张,他利用水塘和土堤做掩护,指挥战士们用手榴弹进行还击。在手榴弹的掩护下,储有富带领部分突击队员跳下1米多深、7米多宽的水塘,向纵深推进。敌人发现了他们,立刻组织火力,封锁水塘。子弹射了过来,手榴弹投了过来,顿时,水塘飞溅起的水花此起彼落。一枚手榴弹在储有富的身旁爆炸,他的肩部被手榴弹炸伤,但他忍着痛,坚持指挥战士们冒着敌人火力封锁,进行还击。一次,两次,三次,他和战友们连续3次击退了敌人的反扑,胜利登上了对岸。

战斗结束后,储有富才感觉到肩上的剧痛,战友们劝他去包扎,可他仍坚持继续战斗。

第二天凌晨,解放军又一次发起进攻,储有富带领战士们继续前进。蜷缩在子母堡里的国民党军,开始了疯狂的抵抗。枪眼里喷吐着烈焰,子弹像暴雨一样倾泻而下,呈扇面形覆盖了战士们冲锋的开阔地,战士们很难找到空隙接近敌人,每前进一步都要付出巨大的伤亡。

时间是胜利的关键,争取时间就是减少伤亡。只见储有富抓起冲锋枪,插上手榴弹,一个箭步冲了过去。他弯着腰,跑着"之"字形,向地堡疾驰而去。就要接近地堡时,国民党军发现了他,立即集中所有火力向他扫射,储有富动作敏捷地趴在一个土坡下,连续扔出几颗手榴弹,地堡被炸毁了。在他前面,还有一个地堡,那是一个母堡,规模更大,火力更猛,但储有富毫不畏惧,在烟雾掩护下,继续推进。距母堡几米远时,他端起了冲锋枪,猛烈扫射,封锁了母堡的射孔,在他掩护下,突击队员们立即发起攻击。但是,仅凭储有富的一挺冲锋枪怎能堵住母堡强大的火力。母堡里的机枪又一次响了起来,道路被严密的火力封锁了,突击队员们倒在了开阔地上。此时,储有富的冲锋枪已经打光了子弹,带去的手榴弹也全都用完了。怎么办?只见储有富飞奔过去,猛地扑向母堡的射口,用自己的身体堵住了枪眼,机枪立刻哑了。

突击队员们见状,呼喊着"为排长报仇",冲了过去,一举端掉了母堡。

储有富牺牲时年仅26岁。入党时他曾发出誓言:"生为人民解放战斗,死为共产主义献身!"他用自己的生命践行了对党的誓言。

(朱　斐)

李方兴：侦察员涉水摸敌情

1948年11月中旬，淮海战役第一阶段围歼黄百韬兵团的碾庄圩战斗陷入了僵局。

碾庄易守难攻，四面环水，有两道水壕和两道土圩环绕庄子周围。从村庄南面进攻的是华野9纵。庄外是一片开阔地，通过开阔地，就到了庄外的第一道水壕，水壕上有一座石桥，是通往庄内的唯一通道，被称为"南门桥"。由于石桥距离庄内黄百韬兵团指挥部只有200米，所以，国民党军在这里层层布防。水壕外设有3道鹿砦，水壕上的石桥，里端被挖断约3米，使桥失去效用，两端修有两个矮矮的地堡封锁石桥。越过石桥，每隔数步就有一个单掩体、隐蔽部或地堡，组成相互连接的防御阵地。桥的两侧还设有20挺重机枪，和地堡的机枪一起，封锁桥面，有的枪眼紧贴水面，很难被发现和封锁。所以部队刚开始试图从南门桥突入庄内时，伤亡很大，前进受阻。

这时，华野9纵司令员聂凤智来到了阵地前，经过考察后，他发现解放军的攻击集中在了石桥上，如果水壕的深度可以进行徒涉，解放军的进

李方兴，山东省乳山县人，1930年生，1948年加入中国共产党，牺牲时为华野9纵73团5连副班长

攻就可以在石桥两侧展开。因此，摸清水壕的情况至关重要。在他的指示下，攻击部队派出侦察员，希望通过侦察壕沟、水情、敌人火力及暗堡位置，找到攻击通道。

李方兴所在的5连指挥所设在一个土堆背面，这里距离庄子很近。于是，营长就把这项任务交给了5连，李方兴所在的班负责爆破碾庄南门第3道鹿砦和侦察敌情的任务，战斗中，李方兴一直在分析部队攻击失利的原因。听到需要侦察水情的任务后，他立刻报了名。

连长考虑了一下，说："好，你去侦察水情，我们组织火力掩护，你一定完成任务。""是！请连长放心，保证完成任务，不完成任务，我小李不回来。"

李方兴和另外两名侦察员出发了，5连所有的武器一齐开火，射向敌阵，在他们的掩护下，李方兴他们3人跳出交通壕，冲向对面。敌人暗堡密集，暗堡里猛烈的火力封锁住了李方兴3人前进的道路，使他们无法从桥上通过，于是他们转向桥的左侧匍匐前进。距离暗堡20米时，两位战友中弹倒在了血泊中。李方兴抱着炸药包避开国民党军严密的火力，炸开了鹿砦，发现桥北头两个暗堡正向解放军射击后，又抱起30斤重的炸药包冲向桥头，看到桥已被破坏，就从桥左侧纵身跳入水中，

侦察员李方兴探明了水壕的宽度、深度及守军火力点的位置，为解放军攻入碾庄做出了巨大贡献。图为解放军涉水过壕，登上围墙，攻入碾庄

绕到对岸,将地堡炸毁。

20分钟过去了,见李方兴他们还没回来,营长和连长都很着急,全连同志也十分担心。他们出发后,连长一刻也没有离开原来的位置,始终盯着他们前行的方向,盼望李方兴完成任务回来。突然,他们听到了敌人火力激烈的射击声,只见一个黑影爬了过来。连长一看,是李方兴,高兴地叫了起来:"快!快!加大火力掩护。"一声命令,全连阵地上的火力一齐射向敌人的火力点。

李方兴回来了,全身湿漉漉的,手里还抓着一把枯草,那是长在水壕对岸的草,这足以证明水壕是可以徒涉的。李方兴把水壕的宽度、深度及守军火力点的位置,向领导作了详细报告。上级根据此情况,决定从桥左侧涉水攻击。纵队首长为了表彰李方兴的功绩,给他记特等功一次,授奖章一枚。

这位侦察英雄在战役第三阶段的豆庄战斗中,所在部队被包围,李方兴带领一个班英勇反击,他临危不惧,一直坚持战斗到最后一刻,终因寡不敌众,身负重伤,英勇牺牲。战后,被追认为"华东三级人民英雄"。

(朱 斐)

宋纪志：通讯员孤身救营长

宋纪志，山东齐河县人，14岁就参加了八路军，别看他年纪小，却敢和日本鬼子拼刺刀，打起仗来非常勇敢。营长见他勇敢机灵又能吃苦，就把他带在了身边，当了营部的通讯员。他眼快手勤，干活十分利落，他爱护首长，每次行军到达宿营地，都先把草铺搭好，把洗脚水给首长烧好，对首长的照顾无微不至。他常说："首长要指挥战斗，把首长照顾好，这是我的责任！"

1948年12月15日黄昏，对黄维兵团的总攻开始了。双堆集东面有一个小村庄叫杨四麻子村，中野11纵的任务是攻打这个村庄。为了准确地把握敌情，营长亲自带领通讯班冲到了阵地最前面，观察地形。年轻的通讯班长宋纪志跟在营长身后。守卫杨四麻子村的是黄维兵团号称"英雄团"的75师224团，他们不仅在村里修筑了坚固的地堡群，而且加固了村外原有的围墙，还在围墙外挖了交通壕，架设了铁丝网和鹿砦。

此刻，宋纪志带领着通讯班严阵以待，准备随时接受命令。下午4点，攻击开始了，解放军的炮火整整轰击了1个小时，"隆隆"的炮声中，

宋纪志，山东省齐河县宋庄人，1929年出生。1943年入伍，1947年加入中国共产党，牺牲时为中野11纵91团2营通讯班长

铁丝网被连根拔起,鹿砦飞上了天。2营的战士们在营长王正率领下如猛虎般跃出战壕,沿着炮兵开辟的攻击道路,迅速前进,接近了国民党军的围墙,炸开了一个缺口。王营长身先士卒,率领通讯班向突破口跃进。可是突破口附近的

宋纪志讨饭时用过的篮子

火力异常凶猛,突破口被封锁了。一时间,子弹密集如雨,王营长被一颗子弹射中,倒下了,那里正是国民党军的火力封锁点,是一片开阔地,没有任何遮拦。

跟在身后的宋纪志看到后,心中十分着急。他对身边的通讯员说:"营长牺牲了,谁来指挥战斗?怎么完成任务?"在这万分紧急的情况下,他一个箭步冲了出去,冒着枪弹,匍匐前进,一点一点地接近了营长。此刻,营长身上鲜血直涌,人已经昏迷了。宋纪志一边迅速替营长包扎伤口,一边用尽全身力气扶着受伤的营长挪动。营长从昏迷中醒来,吃力地说:"小宋,这里危险,不要管我,你快隐蔽!"可宋纪志却坚定地说:"不,营长,我一定要救你!"他们所处的位置是一片开阔地,两个人完全暴露在敌人火力面前。机枪不断地扫射,子弹铺天盖地向他们扫来,炮弹不断地在他们身边爆炸。在这生死存亡的关头,为了不让营长再次受伤,宋纪志毫不犹豫的用身体挡在营长前面。"冲我来吧!"宋纪志呼喊着。子弹一颗颗地打在他的身体上,鲜血渗透了棉衣,但他始终咬紧牙关,一动没动,直到营长得救。宋纪志为了救营长壮烈牺牲,牺牲时只有19岁。

(朱 斐)

阎世华：阎排长火烧敌坦克

淮海战役结束时，中野3纵19团党委把一面绣着"猛攻固守"4个大字的锦旗奖给10连2排，并命名该排为"阎世华排"，以纪念在阻击、围歼黄维兵团的战斗中屡立战功的英雄排长——阎世华。

打淮海战役时，阎世华只有18岁。别看他年纪小，经历却很坎坷。他原来叫小成，阎世华是他哥哥的名字。15岁那年，村里的地主买通了日伪保安队要抓他哥哥顶替地主儿子当壮丁，他哥哥闻讯逃走，父亲被抓去当了人质。老人无奈，只好让二儿子小成顶替哥哥当了壮丁，从那以后，小成就成了阎世华。当了国民党军士兵的阎世华，根本不愿为国民党军卖命，一心想着逃跑。1945年的一次战斗中，阎世华成为了解放战士，加入了解放军。他深深感到解放军是为穷人打仗，所以打起仗来十分勇敢。哪里最危险，哪里最困难，哪里就有他的身影。由于作战勇敢，他曾屡立战功，很快就当了2排排长。指导员评价2排："一排好比当头炮，三排似马四面跳，二排

阎世华，安徽省凤台县人，1930年出生。1945年解放入伍，1946年加入中国共产党，牺牲时任中野3纵19团10连2排排长

的老阎,拼车一声哨。"他常把阎世华比作象棋盘上的车,营连干部也常说:"部下阎世华,什么也不怕。"

这个什么也不怕的阎世华,在淮海战场上,像一个"车"一样冲锋陷阵。

打宿县的战斗中,阎世华所在的10连,担任主攻任务。在炮火掩护下,他率领全排冒着三面火力的压制,连续突破三道封锁线,象锐利的钢刀一样,插入敌阵,以最小的代价,完成了攻击任务。

接着,阎世华来到了双堆集,参加了对国民党军的王牌部队——黄维兵团的战斗。

小周庄战斗中,阎世华率领全排火烧敌坦克,击退了国民党军多次进攻。那是1948年11月25日拂晓,黄维兵团被中野包围在双堆集地区的第二天,国民党军趁包围阵地还未巩固,疯狂地向外突围。阎世华所在连队坚守在小周庄。面对国民党军的凶猛冲锋,阎世华果断地带领全排战士进入临时构筑的工事,指挥全排打退了敌人密集队形的冲锋。中午时分,国民党军像输红了眼的赌徒一样,出动了两个营的兵力,在

战士们用土办法摧毁的国民党军坦克

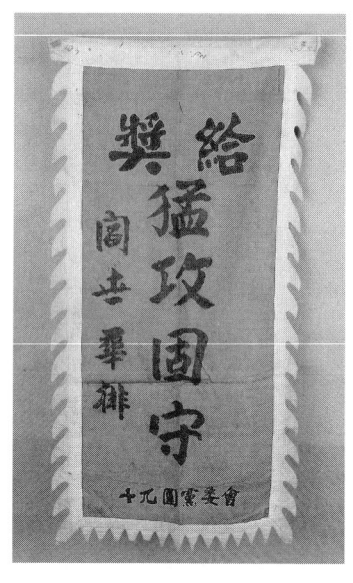

8辆坦克和数架飞机的掩护下,向10连阵地猛扑而来。由于缺乏对坦克作战的经验,又缺乏反坦克武器,部队伤亡很大。眼看国民党军就要接近阵地了,危急关头,阎世华沉着地指挥战士们在阵地前用高粱秆燃起一堆堆大火,阻止坦克前进,并组织火力打击坦克后面的步兵。一辆坦克猛冲过来,阎世华奋不顾身地抱起捆好的集束手榴弹,迅速跃出掩体,巧妙地躲开对面的火力,冲到坦克侧翼,将手榴

上级奖给阎世华排的奖旗

弹塞进履带,拉响了导火线,"轰"的一声,坦克被炸毁了。跟在后面的坦克见势不妙,掉头就跑。一天战斗,连续打退三次冲锋,毙伤百余名国民党军,阎世华排始终没有后退一步,固守阵地,为阻止国民党军前进立下了大功。

西马围子战斗中,阎世华带领战士们展开白刃格斗,坚守住了阵地。那天,阎世华所在的10连从侧翼插入纵深,占领了西马围子附近的一段交通沟,将西马围子和黄维指挥部小马庄拦腰切断,这一举动引起了国民党军的恐慌。他们前后夹击,10连腹背受敌。子弹、燃烧弹、火焰喷射器,国民党军将能够使用的武器全部用上了,阵地上到处是烈火浓烟,战斗十分激烈,连长、指导员相继牺牲,全连伤亡过半,部分国民党军已突入阵地。紧急关头,阎世华挺身而出,他毅然代理连长一职,组织剩余人员继续战斗,他们发扬小周庄战斗的光荣传统,与敌拼死抗争。阎世华向战士们发出号召:"宁肯前进一尺,不能后退一寸!"子弹、手榴弹打光了,就从烈士身上搜集弹药。最后,他率领战士冲出战壕,与国民党军展开白刃格斗,刺刀捅弯了,就用枪托砸,用铁锹

砍,终于消灭了突入阵地的国民党军。就在阎世华和战友们与敌顽强拼搏的时候,友邻部队很快从正面攻入西马围子,将守敌全部歼灭。

就在战士们欢呼胜利的时候,阎世华所在的10连仅剩下了两名战士,阎世华倒在血泊中,已经壮烈牺牲了,牺牲时,只有18岁。

(殷小涵)

孔金胜：英雄排长血战大王庄

淮海战役纪念馆里陈列着一幅《孔金胜血战大王庄》的油画，再现了英雄排长孔金胜英勇作战的场景。

那是在淮海战役的双堆集围歼战中，孔金胜所在的2排担任守备大王庄和尖谷堆之间突出部的任务。大王庄位于双堆集西南1里处，是黄维兵团司令部所在地的重要外围据点，守军是黄维兵团的第18军33团，18军是蒋介石的"五大主力"之一，33团是18军的王牌团，人称"老虎团"。

1948年12月9日，华野7纵59团攻占了大王庄。午夜12点，国民党军趁解放军立足未稳，集中了所有的榴弹炮、山炮、化学迫击炮，袭击大王庄前沿，54分钟内落弹千发，阵地上顿时浓烟翻滚，火光冲天。步枪、机枪声由远而近，这是国民党军反扑的先兆，孔金胜跳出壕沟观察，发现通往营部的交通壕已被切断，5尺宽的壕沟里，国民党军大约一个加强连的兵力反穿棉衣，沿壕沟向1、2连的结合部袭来，北面和东面的国民党军也步步紧逼，孔金胜所在排三面受敌，和营部失去联系。"老虎团"可不是纸老虎，他们打得异常凶狠，不仅成堆地上，单

孔金胜，安徽省庐江县人，1943年入伍，1945年加入中国共产党，牺牲时任华野7纵59团2连排长

个的也拼命往前冲；有炮火掩护上，没有炮他们也上，枪也打得很准。2排阵地上弹片呼啸、工事坍塌，情况十分紧急。作为排长的孔金胜沉着应战，一面指挥4、6班集中火力打击，一面指挥5班从侧翼突袭，在国民党军接近解放军阵地20米处时，孔金胜一声令下，2排阵地枪声大作，一串串子弹射向国民党军，一枚枚手榴弹在敌群中开花，爆炸声、呐喊声响彻在了大王庄上空，经激战，歼敌310多名。

此后，争夺更加激烈。10日拂晓，遭到重创后的国民党军为夺回大王庄，在7辆坦克和大炮掩护下，集结了一个营的兵力，扑向2排阵地，阵地上顿时一片火海。孔金胜冷静地指挥着战斗，他带领战士们利用断墙、壕沟进行顽强阻击。阵地被夺去数次，孔金胜排阵地前有两辆坦克越过了战壕，跟随其后的国民党军扑了上来，战斗中，孔金胜被手榴弹炸断左肩胛骨，左胸负伤，他顾不上包扎伤口，强忍着伤痛从牺牲战友身上拔出几颗手榴弹，利用火力间隙，向国民党军的机枪掷去，机枪被打哑了，国民党军第二次被逐出了阵地。

9时左右，国民党军发动第3次攻击，大王庄大部分阵地被占领，孔金胜排所在阵地更加孤立，战斗十分激烈，孔金胜的喉咙被冲锋枪子弹穿了一个洞，血流遍身。战友们劝他下去，他说："我是共产党员，党需要我的时候，流点血算什么。"战友们感动地流下了眼泪。他以惊人的毅力坚持着，用手势鼓励战士们坚守住阵地。在

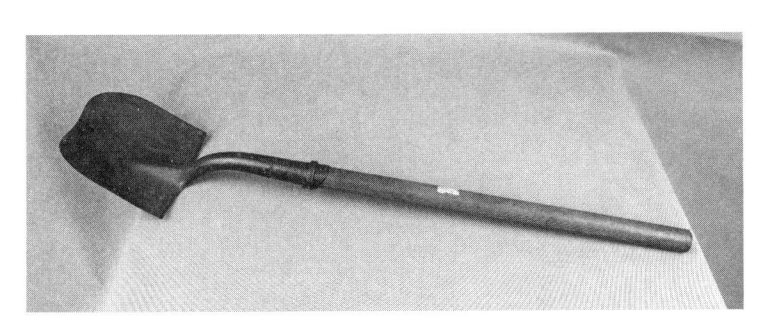

孔金胜使用过的铁锹

上级授予2排"孔精神排"奖旗

孔金胜的精神鼓舞下，战士们又一次顽强地击退了国民党军。

11时左右，国民党军在两辆坦克的配合下，以1个营的兵力发起最后一次反扑，他们依靠坦克的优势冲上了2排阵地。孔金胜率领战士与国民党军进行逐堡争夺，反复冲击。此时的2排已经弹尽援绝，孔金胜身边的战士已经不多了，不是头缠绷带，就是身上挂花。孔金胜鼓励大家："只能前进，不能后退，只要有一个人也要坚守阵地。"弹药打完了，就组织战士到烈士身上搜集，后来又命令上刺刀，用刺刀、枪托展开白刃战。战斗中他再次负伤，肠子流了出来，仍坚持作战。面对蜂拥而至的国民党军，孔金胜怒目圆睁，忍住剧痛，把肠子往肚子里一塞，迅速拣起一把挖战壕的铁锹，与国民党军展开肉搏战，在敌群中猛烈砍杀。冲在前面的国民党兵应声倒地，他又迅速转身砍向第二个……就这样，他用尽全力在敌群中前砍后劈、左右砍杀，一连砍倒5个国民党兵。孔金胜因流血过多，献出了宝贵生命。2排和全连会师时，全排只剩下了1个人。

战后，上级党委命名2排为"孔精神排"，并授予孔金胜"特等功臣"光荣称号。

（朱　斐）

陈洁：文工团员战地救伤员

青春是美丽的，多少人用五彩的笔墨描绘着这幅美丽的图画；青春又是短暂的，人生只有一次，然而又有多少人用年轻的生命，铸就了青春的永恒。陈洁，在她短暂的一生中，没说过什么激动人心的豪言壮语，也没做出什么惊天动地的英雄业绩。然而，她却用火热的青春，实现了生命的永恒！

"烈火般的战斗，如我们的青春，我们高声歌唱，勇敢地前进！"这段歌词摘自华野1纵文工团员陈洁的手抄歌本。诵读着火一样的词句，看着那流畅隽秀的字迹，我们仿佛看到一位短发戎装、英姿勃勃的年轻女战士，正含笑向我们走来！

陈洁1922年出生在广东省一个工人家庭。自幼随父母来到上海谋生。母亲在贫病中死去，留下父女俩相依为命。生活的艰难迫使陈洁10岁就进工厂当了童工。10岁的孩子，正是在父母膝下撒娇，与小伙伴嬉戏的年龄，而她却要每天工作十几小时，受尽了剥削和压榨。苦难的童年，在陈洁幼小的心灵上留下了深深的烙印。18岁时，陈洁怀着对新生活的向往，参加了新

陈洁，广东省人，1922年出生，1944年入伍，1947年加入中国共产党，牺牲时为华野1纵文工团团员

四军,部队选送她到鲁迅艺术学院学习。1947年秋天,华野1纵成立文工队,陈洁,这位能歌善舞的姑娘,找到了发挥艺术才华的新天地。她参加了文工队,成了一名文艺宣传员。

淮海战役,数九寒天。参战部队顶风雪、冒严寒,战斗在冰天雪地里。陈洁和文工团的战友们常深入前沿,鼓动宣传。交通沟里,战壕深处,经常可以看到他们的身影。演短剧、放幻灯、说快板。他们的歌声和着炮火硝烟,回响在冲锋的队伍里,回响在阻击的阵地前,激励了千百将士的杀敌热情,迎接英雄健儿们凯旋!

陈洁记录了246首歌曲的歌本

淮海战役第二阶段结束后,参战部队依照指示,暂停攻击,他们一面严密围困敌人,一面转入战场休整。解放军在战壕里迎来了1949年的元旦。

元旦之夜,北风朔朔,在漫天飞雪的战场上,文工团员们竖起几根木棒,挂起两盏汽灯,在简陋的舞台上为战士们演出《白毛女》。陈洁穿着单薄的戏装,顶着刺骨的寒风,唱起了"北风吹,雪花飘"。演出即将进入高潮,忽然一阵狂风吹过,刮灭了汽灯。顿时,四周一片漆黑,文工团员们赶忙停止演出去修灯。这时,战士们纷纷解下腰间的手电筒,对演员们说:"别等汽灯了,快接着演吧!"

在电筒光的照射下,演出继续进行。黄世仁出场了,穆仁智出场了,可怜的喜儿遭了罪,受到了恶霸的蹂躏。陈洁的生动表演,使台下的观众痛哭失声。忽然,一个小战士"噌"地站了起来,对黄世仁拉动了枪栓……枪,很快被夺了下来,这是一个新解放入伍的战士,他哭得像泪人一般,说他妹妹跟喜儿的遭遇一样,他要为妹妹报仇。这时,带队的指挥员站起来大声说道:"同志们,台上的黄世仁是我们自己同志扮演的,我们不能朝自己的同志开枪,要报仇,就要彻底消灭天下众多的黄世仁,推翻国民党的反动统治。当前我们一定要歼灭国民党军,夺取淮海战役的彻底胜利!"一时间,群情激昂,台上台下的口号声响彻夜空。然而,当战友们欣赏着精彩演出时,他们无论如何也没想到,这竟是能歌善舞、爱唱爱笑的陈洁最后一次出演喜儿。

1949年1月10日,淮海战役的最后一天。

那一天,国民党军在作最后的挣扎,飞机呼啸,炸弹倾泻,所到之处,弹片横飞,火光冲天。陈洁正发着高烧,她原本可以留在后方,远离前沿。可是,想到前方的战友需要抢救,想到自己入党时的誓言,她毅然走进了抢救伤员的队伍中。包扎伤口,抬送伤员,陈洁拖着带病的身躯奔波在伤员队伍中,穿梭在弥漫的硝烟里。

拂晓时分,一架飞机从头顶掠过,一枚炸弹在不远处爆炸,在冉冉升腾的浓烟中,一个少女的身姿缓缓倒了下去。"陈洁——"人们呼唤着扑上去,要去扶住她,扶住烟海里那片洁白的帆……但她还是倒下了,在黎明时倒下了。她静卧在雪地里,鲜血染红了身下洁白的雪,红红的,像一团炽烈的火焰,像一簇盛开的木棉。

陈洁没来及与战友们分享胜利的喜悦,没来得及回家看望慈爱的父亲,就在淮海战役胜利的最后时刻,献出了宝贵的生命。她在人生的道路上虽然只走了短短的27年,但她如火的青春,却装点出一个崇高而完美的人生!

(魏天梅)

高全忠：支前队长舍身护粮车

高全忠出生于江苏省宿迁县徐庄村，幼年时，父亲就已去世，哥哥也因家庭贫困在饥寒交迫中死去。高全忠从小就给地主当雇工，每天天不亮就要起床，直到满天星辰还要在地里干活，日复一日地艰难生活着。1942年，他的家乡解放了，在党的培养和教育下，他在1943年参加了革命工作，先后担任了村长、会长、乡长、乡指导员等职务。1943年7月光荣地加入了中国共产党。淮海战役打响后，地方党和政府响应党中央的号召，担负起了重大的支前任务，作为领导干部的他积极发动群众碾米、磨面、做军鞋，全力支援前线。

在淮海战役中，他是宿迁县运输团的一名中队长。

1948年12月，宿迁县运输团接受了运送军粮的任务，苏北平原大雪纷飞，刺骨的寒风呼啸着，旷野中一片沉寂。400多名民工，带着350辆小车，载着10万斤粮食向淮海战场行进。鹅毛般的雪花漫天飞舞，寒冷的西北风迎面吹来，打得大家头难抬，眼难睁。冰天雪地中，道路坎坷不平，不是堆满了积雪，就是遍地泥泞，稍不注意就会人仰车翻。为了争取

高全忠，江苏省宿迁县徐庄村人，1922年出生，1943年入伍，同年加入中国共产党，牺牲时为宿迁县运输团中队长

时间，早些把粮食送到前线，高全忠带领这支民工队伍跋山涉水，日夜兼程地赶路。寒风毫不留情地舞动，大家只好走几步就把鼻子伸到衣领里换口气，有的手脚都麻木了，有的眉毛胡子都结了冰，但是谁也不愿意停下来休息。遇到陡坡沟洼，车子推不过去，他们就把粮食卸下来，一袋一袋的扛过去。

支前民工经常会遭遇飞机轰炸扫射，图为落在支前民工身边的弹片

有时候车子陷到淤泥里，要四五个人连推带拉才能拔出来。在路上，他吞糠咽菜，忍受饥饿，却从不动一下车上的粮食，因为他们知道，战士们也同样的在冰天雪地中战斗着。他们把粮食看得比生命还重要，他们情愿自己挨饿，也要把粮食安全送上前线。

国民党军千方百计地破坏解放军的运输线，经常出动飞机轰炸扫射，昼夜不停。在高全忠的带领下，运输队所有的民工都铆足了劲，车轮在苏北大地上飞快地滚动着。高全忠不断地提醒着民

支前民工在躲避飞机袭扰

工，既要注意脚下，又要注意天上。这支运输中队为了让战士们能够早些吃到粮食，并且也要把损失降到最少，他们想尽办法将车和人伪装起来，不分昼夜地前进。

当运输队走到宿迁北古饶集时，敌机出现了，高全忠不顾敌机的扫射，沉着的指挥大家将暴露的粮食分散隐蔽。千里旷野，白雪皑皑，敌机还是发现了目标，向车队轮番俯冲、扫射。有的粮袋被子弹打破了，粮食哗哗向外流，高全忠不顾一切地扑上去，把暴露在敌机火力之下的粮车隐蔽起来。突然，一颗子弹打中了他，高全忠倒下了。当他从昏迷中再次醒来时，发现仍有少数粮车没有隐蔽好，又以顽强的意志强忍着剧痛，指挥民工迅速转移粮车。为了将所有的粮车都转移到安全的地方，高全忠流尽了最后一滴血。

（朱 斐）

周镐:"特别党员"从容赴刑场

淮海战役时,有一位中共特别党员为策反国民党军第8兵团司令官刘汝明壮烈牺牲,他就是中共特别党员——周镐。

周镐,1910年生,湖北人。毕业于黄埔军校武汉分校。毕业后加入了军统,1946年被任命为国民党国防部保密局少将直属组长。在此之前,周镐已在邓子恢、谭震林的批准下,成为中共特别党员。此后,周镐在军统少将的身份掩护下,为党做了大量工作。

淮海战役第一阶段,他成功地策反了国民党军第107军军长孙良诚的投诚。当时,孙良诚在解放军强大的军事攻势下,渐渐倾向于战场起义,但始终犹豫不决。周镐知道这一情况后,主动请缨,前去做孙良诚的工作。在他的劝说和解放军的军事攻势下,孙良诚终于放下武器,率部向解放军投诚。

投诚后的孙良诚为了表示诚意,主动向周镐谈了自己与国民党军第8兵团司令官刘汝明的关系,说与刘汝明熟悉,愿意去争取刘汝明部向解放军投诚。周镐听到孙良诚的表态后,立即向苏北兵团政委兼华中工委

周镐,1910年生,湖北罗田人,毕业于黄埔军校武汉分校,曾任军统南京站站长,国民党国防部保密局少将直属组长,1946年加入中国共产党,牺牲时为中共华中分局京沪徐杭特派员,负责国民党军队的策反及情报工作

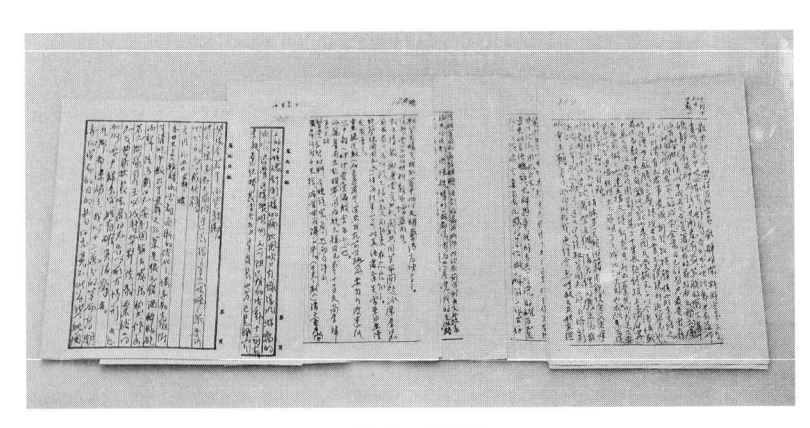

周镐的日记手稿

书记陈丕显做了汇报，陈丕显随即致电华东局：孙与刘汝明友谊尚好，孙很愿派员前往蚌埠劝刘起义，此举是否可行，希即电示。华东局在给陈丕显的复电说：可以允许他（孙良诚）派人去试一试。中央军委在接到陈丕显和华东局的电报后，对策反刘汝明的工作非常重视，认为这项工作是淮海战役中隐蔽斗争的一项重大而紧迫的任务。于是，中央军委向总前委发去电报指示，要求对刘汝明开展政治攻势，争取他战场起义。

孙良诚和刘汝明都是河北人，同是冯玉祥的旧部，常以兄弟相称，私交甚厚。在周镐看来，如果让孙良诚去策反刘汝明部举行战场起义，成功的可能性是很大的。在周镐的帮助下，孙良诚和他的副军长王清瀚（中共特别党员）各自拟好了劝说刘汝明举行战场起义的信函。

经过上级批准，周镐派华中6工委联络组长、中共党员祝元福和孙良诚的副官尹燕俊去送信。但周镐并没有发觉，此时的孙良诚思想上已经出现了变动。出发前一天，孙良诚偷偷将尹燕俊叫到偏僻处，暗中交代："我的信是被迫写的，非出自本意，你要刘司令自己斟酌，务请子亮兄救我出险。"子亮兄指的就是刘汝明。刘汝明接到孙良诚的信后，立即向徐州"剿总"总司令刘峙做了汇报，刘峙命令刘汝明将计就计。

1949年1月4日，刘汝明的儿子刘铁钧假意向孙良诚和周镐转达了刘汝明起义的诚意，并请中共方面派人到蚌埠商量起义事宜。1月5日，周镐与孙良诚、王清瀚、祝元福等人一起乘船渡过淮河前往蚌埠。周镐预感此去凶多吉少，他把自己的日记本交给了随从，说："这次你就不要去了，如果我3天不回来，就把我的日记本交给夫人，照顾好我的家……"然后，义无反顾地来到了刘汝明部。到达蚌埠后，即被扣押。

不久，周镐被押解到了南京，关进宁海路19号保密局看守所。国民党对外严密封锁消息，不准周镐与外界联系。蒋介石一直对周镐参加共产党、策动国民党军起义十分恼怒，接到周镐被抓获的报告后，亲自下令将周镐"立即枪决"。南京解放前夕，周镐被押往雨花台秘密枪决，行刑者是周镐昔日的同事。周镐镇定地对他说："兄弟，枪打得准点！"临刑前，周镐用尽平生力气高呼"中国共产党万岁！"，慷慨就义。王清瀚、谢庆云、祝元福等人也被枪杀在了南京雨花台。

（朱　斐）

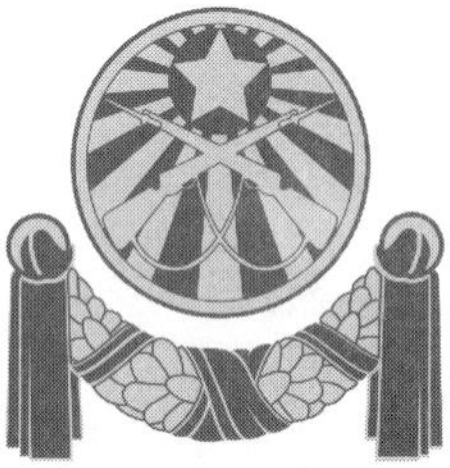

第三篇

亲历者故事
——再现激情燃烧的岁月

他们,曾经血洒疆场
他们,如今白发苍苍
66天的浴血鏖战,留给他们刻骨铭心的回忆
66天的光辉历程,留给我们弥足珍贵的财富
让我们一起
走近亲历者
感受生命的鲜活
倾听岁月的回声

金正新：当时我就被炸昏了

淮海战役第一阶段，消灭黄百韬的部队打得比较艰苦，国民党军派兵增援，因为增援不得力，蒋介石就命令杜聿明督战。杜聿明让邱清泉要不顾一切向碾庄增援。邱清泉组织了两个军4个师，一个是74军，一个是70军，还有5军的一部分，大概有步兵3个多师，向我们2纵4师和6师阵地进攻。我们在左边，4师在右边，打了一天多，大家都有伤亡。

最后国民党军向后撤了，想尽快插到两山口。我们的位置在潘塘南边。潘塘是兄弟部队打的。在孙店南边有个前后蒋楼，驻守前后蒋楼的是70军1个团的兵力。我们有1个团两个营，攻打蒋楼，师里配给我们团1个营，负责歼灭国民党军这个团的两个营。这一仗打到11号或者是12号晚上。

金正新，1928年11月出生，安徽濉溪人。1945年2月入伍，1945年12月入党。淮海战役时任华野2纵6师18团1营2连1排副排长。后任解放军某集团军副军职顾问。

夜里，我们进行歼敌运动，到了国民党军据点前面，看完地形以后，带着部队先搞近迫作业。这个地方近迫作业离国民党军前沿120米，我们开始挖工事，沙土地很好挖，要求一个半小时以内把工事挖好，工事要挖

3米长，60厘米宽，1.5米深，加上基土，就有两米二三的高度。这样在沟里运动，国民党军就看不见我们了。我们的机枪还要组织阵地，炮也要组织阵地，突击队跟火

战士们在战壕里严阵以待

力队，都要占领阵地。准备得差不多了，大概晚上10点多发起冲击。

冲击开始后，由于我们对地形不熟悉，结果一下冲到了一个大水塘边。我们在东南，蒋楼的南边和东边，都是水塘。水塘边是房子，冲到水塘边后，部队上不去了。我那时候是火力队长，负责掩护。掩护主要靠经验，观察国民党军火力发射的火光，组织火力压制他们。当时有个有利条件。国民党军那时候可配合我们了，他们给炮兵、步兵打的照明弹，本来是要打到我们这边。结果那天刮东南风，风把照明弹刮到他们阵地上了，倒是让我们看目标看得特别清楚。哪里是沟，哪里是房子，哪里有水坑，一清二楚。这就便于突击队、爆破队、火力队协同作战了。发现这个情况后，大家很高兴。营连干部准备30分钟后，马上组织突击，很快突破了国民党军阵地。突破以后就进到房子里，然后一个院子一个院子地争夺。最后，国民党军一个团副带着36个人投降了。他们让炸药炸得基本上都晕了，捂着耳朵说听不见，举手投降了。最后他们团长到了西北角一个院子里，大概二三十个人，打到后半夜，我们一共俘虏大概1 200多人。战斗快结束的时候叫我们撤，撤的过程中，我负了伤。

部队一边撤，一边组织火力继续打，因为如果让国民党军发现，伤亡就大了。我指挥继续射击，我用的是手枪，我用枪指着目

标，战士们按这个目标打。有个姓朱的班长和射手丁奎跟着我。国民党军阵地后面炮群打来一排炮弹，落到我们机枪阵地前大概三四米远的地方。我坐在机枪手的后边指挥机枪，向左或向右，高了或低了，看他打的对不对，准不准。突然，炮弹打过来，在我们前面爆炸了，是美式榴弹炮，一下把我们掀起来了，我啥都不知道了。后来他们告诉我，丁奎的上半身子炸没了，班长的头炸没了，是丁奎给我挡了所有的炮弹皮。我在他身后，还有重机枪的挡板挡着我，要不是重机枪，我上半截身子也没了。有一个弹皮打到我身上，当时我就被炸昏了。我躺在后边，还有呼吸，但说不出话来，听到他们说话，听不清楚，有个战友好像说："排长怎么样？排长怎么样？"我也说不出来话，动了一下手，只听他说："排长还能动，还能动。"然后，他们就把我抬下去了。大约三四个小时后，我醒过来，已经到师包扎所了。那时候，前线卫生员包扎应急包，到师包扎所再仔细检查。该住院的住院，该留队的留队。不能走的，失去战斗力的就转院了。让我住院，我不愿意，我说我能行，腿能走。后来营长赶来了，说："不行，得下去休息，仗还有的打。"就这样把我抬下去了，抬到了窑湾。

11月22号消灭的黄百韬，我大概是16号离开部队到的医院，一听说消灭了黄百韬，非常高兴。医院里敲锣打鼓，当地群众都来慰劳伤病员，有的老百姓跑了很远。说实话，那时候老百姓很穷，没有棉裤、棉衣穿，宿迁、新沂的老百姓都披着被子。这些地方被国民党统治好多年了。有拿一个鸡蛋的，有拿几棵白菜来的，有拿着粉条子的，还有拿点面来的，都到医院慰劳伤病员。我们很受感动，住了几天就住不下去了。因为老百姓很苦，需要我们很快解放。

（魏　薇　邹贝贝整理）

许克杰：我们胜利地接收了110师起义部队

廖运周的起义是在淮海战役第二阶段开始不久。当时我们6纵就负责围歼黄维兵团。消灭黄维兵团的命令是11月24日中午来的，要求晚上出击。24日，我们攻到南坪集时，围歼黄维兵团的包围圈已经基本形成。大致准备25日开始行动，26日紧缩包围圈。27、28日是围歼的关键时刻。当时我们得到的消息表明，25日起黄维也开始着手各项突围的准备工作。26日国民党军增援部队已经开始行动，飞机大肆地侦察、骚扰，两军越来越逼近，整个形势十分紧张。那时候黄维兵团在南坪集由4纵陈赓阻击他们，黄维过不了浍河，总前委在浍河和浍河之间布置了个口袋阵，就是要在这个口袋里面消灭黄维兵团，形成"关门打狗"的态势。

黄维初次突围不成，准备集中4个主力师突围。廖运周当时向黄维请战，他要打头阵。黄维很高兴也很感动。实际上，廖运周是大革命时期的老党员，他要借这个机会起义。廖运周

许克杰，1928年8月出生，山西榆次人。1940年6月入伍，1945年2月入党。淮海战役时任中野6纵侦察参谋。后任解放军某集团军副军长

当时派了一名副官来联络我们，纵队机关的同志认识他。他把廖运周要起义的情况给刘陈邓首长报告了。首长非常高兴，当即作了肯定的指示，要求我们严密组织好，确保110师起义成功。在研究部署110师起义的组织工作以及我军如何做好迎接工作时，纵队首长确实是做到了慎之又慎，当时王司令员对于110师起义动机不存在什么怀疑，因为110师有地下党组织，不是这次派人来联系才知道的，早在三年前就比较清楚了。但是杜义德政委提出还要防他一手，防止他假起义。万一他假起义，我们刚开个口子，他们一拥而进，在你屁股后面一打，那我们就遭殃了，所以我们做了周密的部署。在我们准备迎接110师过来的口子上集中了优势兵力，形成了一个收缩力很强的口子，松得开，也能关得住。纵队首长在总体部署就绪后，又派了侦察兵将起义行军路线和集结地域用高粱秆标明，并规定起义官兵一律在左臂扎白布条或白毛巾，两军接触时打3发枪榴弹作为起义的联络信号。

为了配合廖运周起义，我们部队连夜在廖运周准备突围的地方，把高粱秆子摆出一条路。教导员叫他们就沿着这个路线走，不要进村。我们在村里埋伏着，以防万一。11月27日天刚蒙蒙亮，我们纵队作战科的武英参谋给廖运周的部队带路，四路纵队，廖运周在最前面骑着马，空中有4架国民党的飞机盘旋，掩护廖运周出来。他的部队抬着木板，这是对空信号，飞机看到木板就不

1948年11月27日，国民党军第110师师长廖运周率部起义。图为起义部队通过许克杰所在部队防守地区开赴解放区

打了,我们也抬着木板。武英带路一直往大营集走。等廖运周的部队一出来,后尾一过,我们把口子一下子就封死了,后面就是18军的主力,我们一起开火。110师有炮兵营,纵队命令炮兵营占领临时发射阵地向18军开火,增加我们的火力。这一打,一下把国民党军给打懵了。前边已经出去一个师了,怎么后面这就打开了,搞得他们晕头转向。但国民党军都是有准备的,他要突围啊。就组织力量开始反击。他们进行整顿之后,在大炮、坦克、飞机的掩护下向小李庄和小杨庄猛攻。战斗十分激烈,十分紧张,那炮弹一个劲往下落。12旅35团打得相当苦。因为那个时候我军没有反坦克武器,他们就用山炮平射炸坦克。国民党军从四面八方都出来,那坦克就横冲直撞。当时35团一营虽然伤亡很大,但还是把小李庄守住了。杨庄是丢了再反攻,几次失手,12旅没有那么大的力量了,打得最紧张的时候,纵队命令17旅51团、18旅52团归薛克忠旅长指挥,反击杨庄,一下子把杨庄的国民党军消灭了,把阵地夺了回来。27号这天是恶战的一天,12兵团伤亡很大,我们胜利地接收了110师的起义,这对黄维来说是一个沉重的打击。

(魏　薇　邹贝贝整理)

邵淦溪：这是我交的最后一次党费

我加入部队的时候也就20岁，我们这个部队原来是新四军，后来新四军的一部分加上山东的一部分地方部队，组成了华野第7纵队第21师，我在63团。部队里很多战士都是农民子弟，也有不少从国民党军俘虏来的解放战士。战前动员的时候，大家都下了决心，立了誓言：不怕困难，不怕艰苦。战斗动员后，大家就在自己的棉衣上写上名字、部队、哪个地方的人，这样牺牲后，只要翻开棉衣一看就能知道这些信息，可见大家都做了牺牲的准备。

淮海战役第一阶段，我们参加了。因为我们这个部队善于打阻击战，所以第一阶段围歼黄百韬兵团的时候就派给我们打阻击的任务。国民党的5军到哪里增援，我们就在哪里阻击他，不让他过去。当时我们团的阵地就在大许家车站。打阻击战是非常残酷的，只有消耗没有胜利品，5军又是国民党的五大主力之一，是敌人的王牌军，装备很精良，依仗着飞机、大炮、坦克攻

邵淦溪，1929年1月出生，山东新汶人，1946年1月入党，1945年1月参加革命工作。淮海战役时任华野7纵21师63团组织干事。后任解放军空军后勤学院政委

击我们所在的阵地。我们的战士也很顽强，不怕他们，没有让他们得逞。

那真是打得天昏地暗，战壕都被打平了，我们也失守了一些前沿阵地，守不住了就退到第二个阵地。但是国民党军始终没有达到目的。徐州到碾庄不算远，敌人想过去增援，如果突破了，碾庄那就围歼不了了。但国民党军有个弱点，到了晚上，天一黑看不清，他们就缩在阵地了。我们就利用晚上的时间，主动出击。打阻击战不光要坚守阵地，有的时候也得主动出击，但是主动出击的机会比较少。记得我们有一个连的副连长，带着一部分人就趁着夜间突破国民党军的阵地，一下子俘虏1个排。等到黄百韬的兵团被围歼以后，当晚我们就撤出了这个阵地。一场阻击战下来我们的部队基本上减了三分之一，打阻击战就是消耗，我们就这样完成了第一阶段的任务。

第二阶段在尖谷堆打黄维的时候，63团派了1营去攻击，负责攻击任务的还有其他的部队，但是很可惜，这个战斗我没有参加，我和其他3个人被派去负责掩埋我们的烈士。那时候部队连排干部牺牲最多，部队为了保存一部分干部，有意识地抽调了一部分保存下来，不让他们参加战斗。这样做是为了战斗以后这些人回去，立即就能把部队组织起来，保存骨干力量。当时就是我、一个通讯员加一个副指导员，我们3个人就没有参加战斗，负责掩埋烈士。我们到那边也就两三个小时的时间，抬过来了

战役时，许多烈士被就地掩埋，图为烈士长眠的双堆集战场。曾参与掩埋烈士遗体的邵淦溪回忆，常在烈士口袋里发现钱和纸条，纸条上写：这是我交的最后一次党费

93具尸体，那个仗打得非常激烈。我们也不知道自己具体在什么地方，只知道是老百姓的地方，一片空地。我们3个人一晚上就在那挖坑，挖好后，用布把尸体包裹住。开始的时候用白布，当时没有水只能简单地擦擦身体，再用白布把他包裹起来。后来没有布了，人太多了，上级就发了那些，哪有这么多白布，就每个人立个木牌子，之前战士们都在棉衣里写上哪个部队，哪里人，打开都能看到。

那天我们吃饭的时候手上都是血，炊事员送来包子，也没有水洗手，就带着血抓着包子吃，反正都是自己同志的鲜血，也就不畏惧了。我们那时候部队发的津贴很少，有的是几毛钱，有的是几块钱。我们打开烈士的棉衣，看到他们夹在口袋里的钱和纸条，有的上面写着："这是我交的最后一次党费"，有的希望我们把这些钱寄给他们的父母。纸条也是红的，被鲜血染红了。战斗是几个小时，而我们工作了一晚上，第二天部队胜利了，黄维兵团全部被歼灭。战斗结束，我们按照他们的遗愿，不管家在哪里，能找到的都给送到。那个时候也有没做到的。因为有解放战士，才来没几天，打仗的时候，只带了一个解放军的帽子，衣服还是国民党军的衣服，我们同样按照烈士的待遇将他们掩埋了。

（魏　薇　邹贝贝整理）

钱树岩："总司令"可能走了

徐州"剿总"副总司令杜聿明从东北战场退下来后来到徐州，当时他没有进驻"剿总"司令部，而是住在现在的三中、当时是江苏学院南侧的一个小院子里。有两层楼，雕花门窗，油漆地板，重兵把守。作为作战参谋处，对外牌子是"徐州剿匪司令部前进指挥部"。司令部表面上保持正常情形，内里却异常紧张。11月20号，在司令部里，就没有人看见徐州"剿总"总司令刘峙，刘峙借故去上海看病悄悄跑了。人们暗暗议论：总司令可能走了。

碾庄战斗结束后，国民党军十几万士兵被全部包围歼灭，情况已经是岌岌可危了。军务处仍然有军事文件来往，仍然需要有人签署，我才能转发，总司令不在，如何处置？我看到参谋长李树正在，于是就去请他执笔签署。杜聿明秘密前往南京见蒋介石，决定放弃徐州。但在那个特殊时期，虽然国民党对这个消息一直保密，但纸是包不住火的，大家早已经看出了一些端倪。他们的家属开始收拾细软，偷偷乘飞机南下，这

钱树岩，1922年出生，江苏徐州人。1944年6月参加革命工作，1945年12月加入中国共产党，淮海战役时为徐州"剿总"文书，负责为解放军提供军事情报。后在徐州市博物馆工作

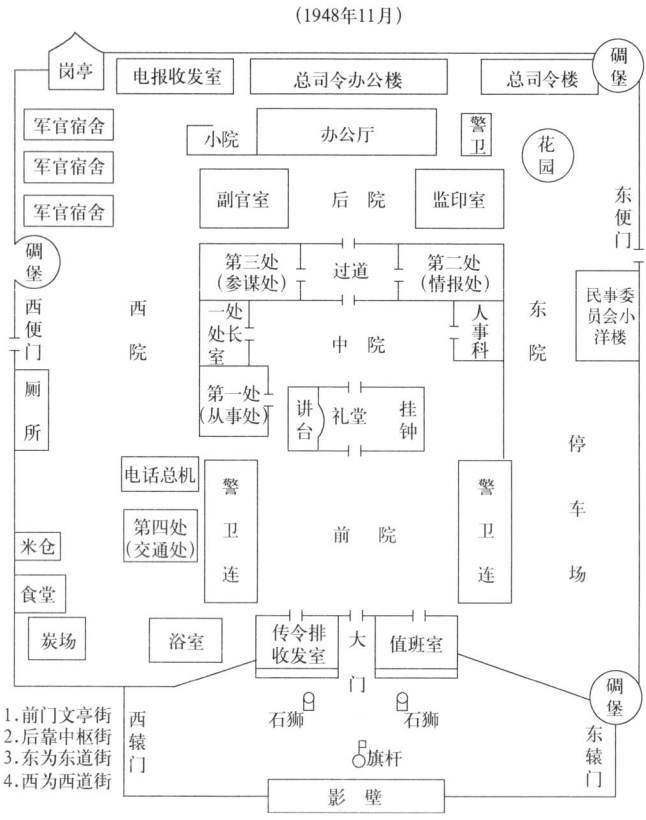

徐州剿匪总司令部平面示意图
(1948年11月)

注：根据钱树岩的回忆绘制

些细节就泄露了消息。

  我那时心情很激动，因为我知道徐州快解放了。总务处每年都是12月1号给我们点炉子，暖帘都弄好了。我记得撤退的前一天，11月29号，值班号兵按时吹响办公号，总务处已经把炉子支好了，第二天就要发煤了，但是没有煤，大家就在这个时候把个人手里头的档案投到炉子里当柴火烧。所有人都坐着，没人工作。参谋长李树正应该是先得到了消息，上午9点，他就跑了。在他下面还有8个处长，一看参谋长都跑了，群龙无首了，也纷纷跑了。办公室的陈参谋看着这情况，每人发了两个月的工资，下午就让大家都回家了。

当天夜里"剿总"的通讯员挨个去家里下紧急通知,通知大家撤退。第二天早上8点钟,十几辆美国大卡车就停在文亭街门口,每个处分到两辆车,军官、家属、士兵坐得满满的,卡车上很挤,连个位子都没有,大家只能拿自己的行李当座位。我趁乱又回去巡视了一遍,总部大门口只剩两个小战士站岗,我走进去一看,偌大的院子一个人都没有了,我走进一处,也就是人事处看了看,满地都是文件,乱七八糟,我从一处走到二处情报处,又到了三处参谋处,一直巡视到总司令办公室,上上下下没有一个人,遍地都是烧过的文件,显得特别苍凉,最高指挥部昔日的风采已经一点踪迹都找不到了。

那两天,各式车辆接连不断沿着中山路向南驶去,在云龙山前折向西,沿着铜萧、海郑公路仓皇逃命,连麦田里都是不断向前涌动的撤退军队。路旁丢弃的衣物、箱包,包括破旧枪支弹药无数。虽然撤退的消息没跟老百姓说,但是老百姓心里明白,市面上前几天就开始物价暴涨,纸票都不值钱了,什么金圆券银圆券都没有用了。商店的门都关着,连货架都空了,黑市上粮米的价格很高,市面上想买些粮米只能用银元。大家都想把手里的纸票换成银元,市场上也很混乱。

一直到11月30日上午10点整,"剿总"司令部大门前的两个岗哨,相视立正,转身从肩上卸下了枪,走进院内,警卫撤岗了。至此,显赫一时的国民党"徐州剿匪总司令部"结束了它的历史。

(魏 薇 邹贝贝整理)

蓝洪安：这个战役对我们来说非败不可

1947年我们到徐州的时候，就感觉到形势很紧张。我参加部队是1942年，毕业后当了区队长，后来到了国民党军第5军200师。1946年的形势还可以，进攻淮南，打到黄河，把解放军逼到了阳谷。但是1947年有了转变，我们兵力分散，解放军今天吃一点，明天吃一点，战局慢慢地就不一样了。当时，作为中下层军官，我们就觉得有可能会当俘虏。因为啥，国民党政治上腐败，经济是崩溃的，拿一打钞票买不来一个鸡蛋。还有，沂蒙山下74师被歼，还有莱芜的李仙洲。估计不久后就得轮到我们了。

我们的老军长杜聿明这个人不错，做工作很认真，也很严肃。当军长时，他经常到部队点名，所以5军没有吃空缺的情况。和其他部队比起来，5军会打仗，邱清泉作战很巧妙，抗战时也出过力。邱清泉指挥得好，观察力很强，很灵活。但他有点狂，有时候说话比较冲。那时候，只要能干，能打胜仗就行。我是黄埔16期

蓝洪安，1922年出生，江西萍乡安源人，淮海战役时任国民党军第5军200师600团副团长，于淮海战役中被俘。后到地方工作

的，从区队长一直当到了中校副团长，当时我主要分管卫生队、直属队等。

淮海战役开始的时候，我们在黄口，就坐火车上等着。济南战役后，我们休整部队，做了些准备，士气旺盛，感觉还不错。兵贵神速，但黄百韬的44军，本来是要从海州撤到南京的，但归属黄百韬后，时间就耽搁了。解放军抓住了时机，围歼黄百韬。我们就从尖山、黑山一直往东打，去解救黄百韬，一直打到薛家湖。解放军阻击战真是了不得。我们进一尺、进一寸都不容易，伤亡很大，我们是伤亡一个少一个，我们有一个团战斗部队没有了，营长死了好几个，我幸免于难。潘塘那里打得最凶，还都说5军没有尽力，你说死那么多人，能偷懒吗？但是很奇怪，前进确实很慢。解放军在阻击中不怕死，就是拼，前面死了，后面又来了，我们没有。我后来听说解放军战士都是慢慢地从不自觉到自觉，官兵一致，听说他们一个月7毛钱北海币黄烟钱，还拼死拼活的，我们很佩服。

国民党军第2兵团司令官邱清泉

到了第三阶段，从徐州撤退的时候，那就看谁跑得快吧。5军的人想跑，但辎重太重，跑不动，走也走不动。兵败如山倒，因为啥，思想上已经败了。要说和解放军比起来，还是我们打仗攻防好，工事做得也好，攻防的时候我们配备穿插。我们的地堡很好，立体的3层，平面的3层，解放军吃亏就吃在这里。你来打我，我们这边、那边都打你。解放军的部队就是往前冲，但是他们部队和部队配合得好，团结得好。而且他们夜间活动，这个我们不行。我们当时很傲，看不起解放军。总体来说，战术上我们还可以，但是战略上大势所趋。

当时被包围后，我在团指挥部里，不大出来，指挥部里很冷，就是战壕。饿都饿死了，还有什么战斗力。但我没想过自杀，不值得，而且我老婆在苏州等着我呢。当时有为什么要卖命的思想，所以士气低落，一下就被消灭了。记得当时我们部队有个部长很伤感地说："解放军对5军很恨，5军的威风今日安在哉，安在哉。"还说，"你们5军不要跑，跑哪老百姓都得用粪耙子给你们打死。"对面解放军也喊话，我们听见喊话了就管，听不见就不管，那时候都完了。

我被俘的那天，走不动了。我说："你们枪毙我吧，我不走了。"解放军给了我一个窝头，冻得挺硬，扔地上，一弹多高。解放军战士说："那是山东老百姓送来的，几千里路送来的，你吃吧。"但我吃不动，太硬了。那个战士就给我倒了杯水，泡了一下。我已经好几天没吃东西了，被包围的时候都是领一点吃一点。往事不堪回首，想想太惨了。

这个战役对我们来说非败不可，我们只是担心共产党会怎么对我们。后来才知道，来去自由。回去后，我就坐火车上杭州，见了老军长高吉人。他在上海，他说跟我走吧，我就跟他到了福州。他让我在军官队搞训练。到了厦门，一想身上空空如也，没钱，干还是不干？在共产党那受了4个月教育，这时候就想，还是先找家眷回家吧。后来就从厦门到了广州，又到湖南，到贵阳，1949年11月，回到了老家江西，可是父母双亡了。我的家属是徐州人，她说，咱回徐州吧。就这样，我回了徐州。

往事不堪回首，没有什么好回忆的。但是人必须面对现实，我很乐观，能活到现在，心里都是感激。

（魏　薇　邹贝贝整理）

左三星：他是为我而死的

说起淮海战役，最难忘的还是大王庄战斗。大王庄是个约有30多户人家的小村庄，后来我们知道这里是由蒋介石的五大主力之一的第18军118师33团据守的，33团是拥有全副美式装备的老虎团，战斗力很强，是一只"恶虎"。大王庄位于双堆集的南侧，屏护着黄维兵团的核心阵地。黄维把"老虎团"放在大王庄，希望这支"恶虎"能守住双堆集的南大门。他们凶狠异常，成堆地上，剩下一个人也敢上，有炮上，没炮也上；枪法准得很，拼刺刀也厉害，是一场真正的较量。

我们华野7纵和中野6纵进攻大王庄，对这个小村庄志在必得。在炮火的掩护下，迅猛冲杀，率先冲进去的是7纵队的20师59团，刚开始打得很好，冲进去了，但是国民党军火力太强，59团伤亡很大。后来又叫了60团，把59团换了下来。经过一番激烈的厮杀，两个团打了一夜还是没能打下来。当时南集团的司令是王近山，王近山一看这个情况，丝毫没有犹豫，

左三星，1922年4月出生，1937年10月参加革命工作，1940年4月入党，淮海战役时任中野6纵16旅46团1营教导员。后任解放军工程兵学院副政委

直接就命令我们上了。我记得当时接到命令的时候大家正在吃饭，二话没说，放下碗就上了。等我们部队到大王庄一看，国民党军的力量太强了，战场形势对我们非常不利，要把这个村庄夺下来谈何容易啊，关键时刻任务交到了我们团手上。邓小平政委说过，即使全部打光也得打，不怕。服从命令听指挥，打！往前面冲！我们将营里的重机关枪运到前边，准备战斗。2连跟3连作前锋。冲锋号一吹就是命令，什么都不想，像锥子一样往里面冲！国民党军没想到我们会在这个时候冲锋，冲上去的时候，他们还没准备好，刚刚开始做工事。之前我给营长汇报过，他们一定不会想到我们会冲锋，所以我们就趁这个时候突击，钻个空子。等到他们惊醒过来一看，我们前边一半人都冲进去了，国民党军拿枪打我们，这时候我们再扔手榴弹。紧急时刻，离我们最近的友邻部队59团1营剩下的几个人和3营一起上来支援我们。我们3个营的连长、干部集合到一起，研究冲锋的办法。大家互相关心互相支持，发起了最后的冲击。村里边打得热火朝天，村外边国民党军把老本都拿了出来，15辆坦克跟在我们屁股后面打，我们被前后夹击，形势非常紧张。炮弹、子弹一片片地落，我们的人一片片地牺牲。这时副营

战后的大王庄，断壁残垣，满目疮痍，一片寂静

长慌了,问我怎么办。我说怎么办,打!死也要打!你是指挥员,这个时候怎么能犹豫。我当时喊了一个口号:"同志们,立功的时间到了,战场出英雄。"战士们看看我,不顾一切就往上冲。这是最激烈、最紧张、最关键的时候,看谁坚持住,看谁士气高,看谁勇敢,谁就能把对方打下去。我自豪的是,我们营的战士没有下去一个人,负伤的同志也是继续战斗。我们有一个口号,重伤不连累别人,轻伤不离开战斗,尽管负伤的这么多,牺牲的这么多,大家仍然在坚持,把个人的生死置之度外,脑子里只考虑前进、胜利,像锥子一样往里面插。我旁边有一个打定陶时俘虏来的解放战士,我不知道他叫什么名字,只知道他是个广东人,我就叫他广广,我说广广看看国民党军上来没上来,广广慢慢上去,头刚抬起来,那边"砰"一炮把他的脑袋打掉一半,脑浆和血溅了我一身。这么好的战士一瞬间就牺牲了,我当时心疼啊。他是为我而死的,我永远感谢他,永远都会记住他。

我记得在报纸上看到一篇报道,大王庄战斗都打了,还有什么困难不能克服?可见战争的激烈程度。我们的战士在关键时刻没有一个放弃的,始终坚守阵地。就像毛主席说的,这个部队具有一往无前的精神,只要人在阵地就在,就是这个精神让我们坚持到天黑,到最后攻下了大王庄。

(魏　薇　邹贝贝整理)

陈肃：小坦克送炸药

我是一个坦克兵，很多人都不知道淮海战役中有坦克兵的参与，因为开始时我们只有4辆坦克，人也不多。济南战役后缴获的坦克多一些，成立了坦克大队，我的身份也从坦克大队的成员转变为当时唯一的一个参谋。那时候，我们的坦克队还处在幼儿时期，没有炼油厂，没有修理厂，连配件都没有。想要什么都得靠缴获。但就是这样，我们克服了种种困难，一步步成长起来，完成了组织交付的任务。

陈肃，天津市人，1926年6月出生，1946年3月入伍，1948年10月入党，淮海战役时任华野特纵坦克大队见习参谋。后任解放军某师通信科科长。图为陈肃在纪念馆里向讲解员讲述战斗故事

1948年11月，我们开着仅有的4辆美式坦克和两辆日式小坦克，奔赴了淮海战场。

战役第一阶段，黄百韬兵团被堵截，在包围圈内等待徐州的增援。我们开着坦

图为坦克配合作战

克参加了围歼黄百韬兵团的战斗。行进时，没有路灯，又是冬天，大概是傍晚五六点钟的样子，天几乎全黑了，再加上对地形不熟悉，我们副队长判断错了方向，把坦克直接开到了敌人的阵地里。敌人也看不清开进来的坦克是解放军，还以为是自己人，就过来了一个连长接我们。我们以为是自己人，就把坦克上盖打开，让那个连长上来了。当时的军装不像现在那么整齐，不仔细分辨谁也认不出谁。可我们副队长仔细一看，发现不对劲，但是门都打开了，人也上来了，怎么办？大家心里都很紧张。那时候，坦克队的成员多半是南方人，来自两广纵队，说的都是老广话，我们的副队长也是老广，敌人听我们的口音没有怀疑。副队长灵机一动问他，共军在什么地方了？对方回答说，共军在那边了。副队长紧接着说："好好，你下去，我们马上过去。"他这边一下去，我们那边把车子往后一倒，直接开炮跟他们打了起来。

还有一个故事，我的印象很深。当时部队准备向前进攻，敌人用碉堡做掩护，用密集的火力封锁道路。要想前进，就必须把碉堡炸掉，上头指挥步兵拿着炸药包去炸碉堡。但是敌人的火力太猛，送炸药的战士还没接近碉堡就牺牲了，如果继续硬攻，势必造成更大的牺牲。

就在大家束手无策的时候，上头把这个任务交给了我们坦克

队。我们正好有两辆缴获来的日式小坦克。大家一商量，是不是可以派一名战士拿着炸药包到我们坦克里头来，我们开着坦克到他们碉堡旁，掉头开后门，把炸药包摆上去，那不就保险了吗。敌人不知道我们有坦克，也不会用战防炮对付我们，机枪扫射也是可以抵抗住的。师长听了这个建议后认为可行。于是，我们就赶紧跑回去把那两辆日式坦克调了上来。这两辆坦克很小，只有两吨半重，后面有一个门，可以坐3个人，一个机枪射手，一个车长，还有一个驾驶员。运送炸药不需要机枪射手，我们就留了个位置给送炸药包的战士。准备就绪后，坦克出发了。外面是"叮叮当当"的机枪扫射声，因为隔着一层铁板，我们也不怕他们。等到坦克开到碉堡跟前，他们的枪眼就变成死角了，打不了我们。我们一掉头，把尾巴对了过去，打开后门，战士冲出去迅速摆上炸药包，拉上火，然后再跑进来，关上门后，我们就赶紧往回开。碉堡炸了，一个人也没牺牲。之前谁能想到日本的这辆小坦克能干这个活，可是我们就想到了，减少了战士的伤亡。后来我们叫这个故事为小坦克送炸药。

（魏　薇　邹贝贝整理）

申维清：你们饿不饿？我们这有馒头

纵队在执行豫西牵敌任务的路上，接到上级命令，要我们参加淮海战役。当时前面的部队已经把黄维兵团的去路封锁了，我们紧接着把他们的退路堵上。国民党军前后都受阻，被我们包围了。外面的弹药、粮食进不来，里面的人也出不去。国民党军没办法，只能用空投解决物资短缺问题。

黄维的12兵团有10来万人，负责空投物资的飞机是有限的，空投不了多少东西。就算空投也不一定都落到他们的阵地上。开始的时候，他们的阵地范围还大些，空投到他们阵地上的物资也多些，后来我们逐步占领了这些村庄，他们能空投物资的范围就越缩越小了。当时有一部分物资投到了两军阵地的交界处。白天双方都不去拿，因为那个地方都是开阔地，平地没有隐蔽物，对方只要看到就会开枪射击。只能等到晚上过去拖一点，即使天黑也得非常小心，不能有动静。因为当时两军相距很近，大概也就一两百米远，

申维清，1929年10月出生，山西襄恒人。1947年9月入伍，1949年9月入党。淮海战役期间任中野6纵16旅46团炮连战士。后任解放军某师政委

交通壕挨得非常近，有一点动静都能听见，一有动静对方听到了就会开枪。

我印象最深的就是有一次，国民党军空投了一个大麻袋，离我们很近。晚上，我们偷偷拖回来，打开一看是饼干。但是饼干都碎了。饼干是用纸包着的，纸也都碎了，碎纸和碎饼干搅在一起，吃也不好吃，还好，我们那时候在外面不缺吃的，正好苏北靠盐城那边是根据地。山东、河南那也有好多民工，给我们运粮食，运弹药。

我们打过这么多仗，就参加徐州会战期间吃的比较好，因为运输好，给养充足。这么多老百姓来支前运输，保证了前线战士的供应。起码是有馒头，也有米饭和菜，大部分都是熟食，大饼和馒头运到前线比较方便。但是国民党兵没有，整日在战壕里，饥寒交迫。这时候我们就冲着国民党军的阵地喊话，"你们饿不饿？我们这有馒头！"很多国民党士兵都饿得受不了，听到我们喊话实在撑不住了，就会有小股或者个别分散的部队过来，向我们投降，做了俘虏。他们过来首先就要吃的，哎呀，可饿坏了。我记得当时解放一个小村庄，看到很多死马的骨头，他们饿得把打仗用的马都杀掉吃了。

包围圈里的国民党军弹尽粮绝，陷入困境

就在这种情况下，我们也丝毫不敢松懈，攻下一个村庄还要继续往前攻，为了离敌人近一点，我们得继续挖交通壕，随时准备继续战斗。因为那些地方都是平地，没有什么隐蔽物可利用，必须要靠交通壕掩护。当时的交通壕里面就像蜘蛛网一样，哪个交通壕是往哪个地方走，必须做好记号，否则出去就回不来了。挖交通壕都是晚上挖，如果让敌人听到动静就会打我们。大家分好工，一个人挖几米。我们就是这样边挖边打，攻下了一个个国民党军占领的小村庄。

（魏　薇　邹贝贝整理）

迟浩田：我只是个幸存者

迟浩田，1929年7月出生，山东招远人。1945年7月入伍，1946年10月入党。淮海战役时任华野9纵25师73团3营7连指导员。后任解放军总参谋长，中共中央政治局委员，中央军委副主席，国务委员兼国防部长等职。1988年9月被授予上将军衔。

淮海战役已经过去那么多年了，每当我去瞻仰烈士墓地的时候，总会想起那天和我的战友郭奎武谈话时的情景。

我记得那天是12月7号，我们团和第74团合力攻击窦庄。窦庄地形平阔，不利攻击，由国民党的1个步兵团加1个山炮营在此守卫，两军打得异常激烈。我们团曾一度突入村内，但是在敌人的强力反击下，立足未稳，只得返回，就地迫近作业。国民党军在猛烈炮火的支援下，出动大批坦克和步兵反击，火力异常强劲。我们当时伤亡很大，连以上的干部就牺牲了十几个，3营营长王玉芝和政治教导员负伤，副营长的腿被打断了，在阵地前沿的营领导就只剩下一个教导员郭奎武。郭奎武那年刚满28岁，是模范共产党员，我在抗大学习时他是我的指导员。战斗的间隙，郭奎武来到7连找我，他关切地问了连里的一些情况后问我："小迟，你这儿有吃的吗？我的肚子可饿坏了！"我掏出身上揣的饼，递给了他。他一掰两半儿，自己吃一半，另一半又还给了我。这是支前老百姓用高粱面做的，因为天冷，饼子硬邦邦的像块石头，咬一口一道白茬儿，费很大劲儿才能咽下去。我们两人蹲在壕沟里，边吃力地嚼着饼子，边聊了起来。看着战友一个个受伤，想到战场上严峻的形势，我的心情很沉重。教导员拍拍我的肩膀，鼓励我说："在抗大毕业的学员中，你是进步最快的，现在已经当上连级干部了。你要继续努力，为咱73团争光。浩田啊，这仗打好了，很了不起；如果打不好，我们都要见马克思。咱俩订个协定吧，如果我死了，你往我家带个信；如果你死了，我给你家报个信。你还年轻，咱俩中如果要死一个，算我的。"

其实在战场上，每个人都会想到死，但是作为共产党员，早已经把生死置之度外，我们心中都有一个信念，为党为人民为国家而战，死有什么可怕。我们俩身上只带着党证，把平常记事的小本本都烧掉了，做好了牺牲的准备。这时能和战友说说心里话，我的心里也感到轻松一些。我安慰教导员说："国民党兵没什么了不起，不要想那么多！"郭奎武淡淡一笑："你不要轻看他们，前面的敌人比我们多好几倍，而且我们的后路也断了。"

淮海战役纪念馆讲解员走访战场时，在陈官庄烈士陵园聆听郭奎武烈士的故事

就在我们谈话的时候，对峙的双方在战壕里互相对阵叫骂，并用冷枪对射。8连有一个班被敌人火力压制，撤也撤不出来，进也进不去，处境很危险。郭教导员十分着急地说："小迟，你们掩护好，我到前面去看看。"说罢，弓着腰沿着壕沟向前面跑去。为了把国民党兵的嚣张气焰压下去，教导员在前沿一边指挥还击，一边组织部队对国民党兵喊话。突然国民党兵"嗖"地一梭子弹打过来，击中了郭奎武的左胸，教导员当即倒在血泊中。我和几个战士匍匐着把他拖进战壕时，他已经停止了呼吸。我拼命喊："教导员，教导员……"希望能把他喊醒，但是无论我怎么喊，教导员的眼睛始终没有睁开。我怎么也不能相信，刚刚还在和我谈话的教导员，就在这一瞬间永远地离开了我。

时至今日，每当想起那天的情景，我的心情都很沉重，比起在战斗中牺牲的战友，我想，我只是一个幸存者。

（魏　薇　邹贝贝整理）

张永昌：这次任务历时4个月

济南战役胜利的消息传来后不久，上级党组织又号召我们参加支前民工队，任务是抬担架抢运伤员。大概为了保密，只说到陇海线的任务，时间上也不太确定，长则半年，短则两三个月，民工需自带过冬的被服。当时我们村属淮安县孙孟区。这个区是1945年夏天，八路军打垮盘踞在诸城、安丘、高密、五莲多年的汉奸张步云后，在现在安丘的东南部，以景芝镇为中心建立的，县政府设在景芝，下辖398个村。这里是主要的粮食产区，物产丰富。解放战争爆发以后，受还乡团破坏较轻，群众基础较好，支前热情很高。

1948年农历9月13日，我们村的21个支前民工在村子里集合，一起到孙孟区开会。

这些人都是成分好、身强力壮的青壮年。5个人一个班，其中4个人抬担架，另一个人挑全班的行李、给养。散会后马上出发，到景芝后，由县委、县政府主要领导带队，当天即赶到景芝西南的沙浯村宿营。第一天连集合加上开会，只算半天，第二天开始正常，赶到诸城境内

张永昌，1927年出生，山东潍坊人，支前民工

担架队日夜兼程，跋山涉水，冒风雪，忍饥寒，转送伤员

宿营。一般情况下，每天走90到120里。在老解放区，白天赶路，晚上休息，大约到郯城，改为晚上行军，白天休息，天一亮就宿营、做饭。下午提前吃饭，天一黑就赶路。由专人带路，遇到岔路口用白灰线或石头做好标记，队伍过后，有专人把标记清除干净，主要为了保密。虽然解放了，但天上有飞机侦察，地上有零星特务活动。晚上行军，不准说话、不准抽烟、不能亮灯，全是摸黑走。带队的干部一个劲低声喊跟上，以免掉队。不准抽烟、不能亮灯是防备国民党的飞机侦察，以免暴露目标。我们见过为解放军运送物资的汽车，为防备飞机，只亮一个车灯，跑一二里路，停下来，司机下车听一听有没有飞机声再走。

过陇海路的时候，碰到了照明弹。后来听说因前面的民工用火暴露了目标，被飞机发现了。我们倒没有受到损失，只是虚惊一场。有一次，司务长去驻地附近买菜，正遇上敌机轰炸，他有经验，趴在一个草垛后面一动不动，直到飞机飞走了才绕了一个大圈跑回来，据他说，只要有飞机来轰炸，肯定有特务在地面上指示目标，所以没有原路返回。

带队的干部与民工同吃同住，一到宿营地安顿下来就用群众的锅灶自己做饭。每人用自带的水瓢吃小米做的干饭，从家里带来的咸盐炒黄豆或辣椒下饭。一段时间，供应困难，只能吃高粱米磨面做的红饼子。那东西不好消化，吃不惯，而且从粮站领来以后还要自己磨面，白天不能好好休息影响到了晚上的行动。

干部也吃这东西，感受都一样，民工的意见反映上去以后，带队的县领导专门召开民工大会听取民工意见。不久就改成供应小米了。民工都有菜金,隔十天半月发一次,大家凑在一起让司务长买些菜来改善生活。遇到地方上犒军,还吃过几次饺子。民工严格执行群众纪律,公买公卖,一点都不损害群众的利益。

赶到新解放区,有一件事感触最深。

宿营的村子里一个青壮男人也找不到,全是妇女、孩子和老人。向房东一打听才知道,大部分被国民党拉壮丁抓走了,真不知道往后那些孤儿寡母的日子该怎么过!当地生活条件、饮食习惯与山东也不一样,睡床或是打地铺,喜欢吃辣椒,还喜欢吃一种用胡萝卜做的稀饭。

我们县担架队接的是三线任务,把伤员从二线往后方医院转移。第一次接任务是在过了运河铁桥到碾庄附近。一般情况下,都是由熟悉当地情况的一线担架队员两人一组把伤员从火线上抢下来,最多走1里,送到二线,二线队员接上后,向后方送5到8里,转给三线。转移时,伤员都非常坚强,只要没有伤到腿,不妨碍行动,一般不在担架上躺着,而是和民工一边走一边谈些家常。都是农村人,谈得来。最叫人伤心的是,有的时候接上一名重伤员还没有送到后方医院,在半道上就牺牲了。一般一天接送一两次伤员。

随着战事发展,我们见过不少俘虏过来的国民党兵,吃的比解放军都要好。愿意回家的,当场发给路费和路条;愿意参加解放军,大力欢迎,一点都不歧视他们。其实他们大部分都是被抓去的或是受国民党宣传蒙骗的老百姓。

我们随部队一直到了安徽境内,1948年腊月二十左右,基本没有任务了,从腊月二十四开始往回赶,大年初一忘记在哪过的,反正没有吃上饺子,直到正月初四才供应上白面,吃了顿水饺。正月十一左右回到家。这次任务历时4个月,全靠步行,我们村21个人中,刘全芳因为劳累过度,回家不久就大病一场,没过几年就去世了。

(魏　薇　邹贝贝整理)

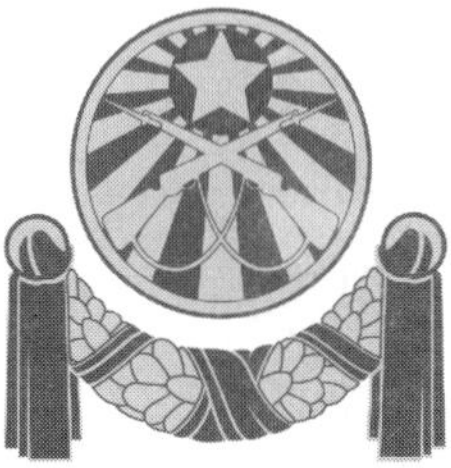

第四篇

遗址故事
——探寻足迹中的轨迹

硝烟散去
遗址犹存
是散落在历史长河中的碎片
是镌刻在人类前行路上的足迹
让我们一起
寻访战地遗址
探寻历史的轨迹

总统官邸：南京与徐州的"面和心不和"

徐州"剿总"副总司令杜聿明曾回忆，蒋介石常常"每日仅凭一次所谓的'官邸会报'来决定指挥部署"，这里所说的官邸，指的是蒋介石的总统官邸。

蒋介石在南京的官邸有3处，位于国防部大院内的一处，被称为"憩庐"。憩庐1929年落成，是一座西式红色二层洋楼。除去抗战期间，蒋介石夫妇大多居住在这里。官邸在国防部大院内，蒋介石经常在这里听取汇报，召开会议，称为"官邸会报"。淮海战役时，徐州"剿总"副总司令杜聿明曾参加过3次官邸会报。这座西式小楼，见证了国民党军关于徐蚌会战的一些重要决策的形成，也见证了最高统帅部与前线指挥官之间的貌合神离。

杜聿明第一次参加关于徐蚌会战的"官邸会报"是在1948年11月10日。那天上午，杜聿明刚被任命为徐州"剿总"副总司令。下午4点，杜聿明来到了会议室。会议气氛沉重。国防部主管情报的第二厅厅长侯腾汇报战况："敌人有将以有力之一部牵制我军，主力有包围黄兵团之企图。目前

位于国民党国防部大院内的蒋介石官邸

徐州情况吃紧,南京后方秩序也极混乱。昨今两日满街到处抢粮……"话未说完,蒋介石就怒气大发,大骂侯腾造谣。见此情景,杜聿明原本想谈点看法,也只好作罢。主管作战的第三厅厅长郭汝瑰报告了作战计划,大致内容是:让黄百韬兵团死守碾庄,徐州"剿总"抽调部队增援。蒋介石十分同意这一计划,但杜聿明对此并不

国民党军事委员会委员长蒋介石

认同。他认为,几天前下发的徐蚌会战计划是要将主力撤到蚌埠附近与共军会战,为什么现在要改变呢?杜聿明见与会人员都未提出反对,知道是蒋介石自己改变了主意。于是,当蒋介石问杜聿明的想法时,他说,还是到徐州后,向刘总司令请示,看如何抽调部队解黄百韬之围吧。

　　当晚,杜聿明坐飞机前往徐州,由于飞机迷失方向,至第二天凌晨才抵达徐州。到徐州后,却发现蒋介石早在一天前就已致电刘峙,令他抽调徐州部队东援,刘峙却未予实施。更令杜聿明惊讶的是,大战已临,刘峙既不知己,也不知彼。一线部队被解放军迷惑,夸大当面敌情,派出的情报人员遭到战区人民的信息封锁,未收集到有价值的情报,刘峙判断解放军意在夺取徐州。他担心,若抽调部队解救黄百韬,徐州失守,将难辞其咎。直到受到蒋介石的严厉斥责和听取了杜聿明的战情分析后,刘峙才下定决心抽调部队东进。东进兵团集结完毕时,距离蒋介石下达命令已过了整整一天。就在这一天,黄百韬兵团被包围。

　　黄百韬兵团被歼后的第二天,杜聿明再次见到蒋介石。那是11月24日上午10点,杜聿明和他的上司刘峙一起参加了"官邸

徐州"剿总"副总司令杜聿明

会报"。会议制订了"三路会师"计划，即：徐州、蚌埠和豫南的三路大军一起向宿县进攻，三路会师，打通津浦铁路徐蚌段。杜聿明始终认为只有集中优势兵力与共军决战才有希望，因此对计划深表赞同。但他强调：这样打可以，但必须再增加5个军，否则万一打不通，黄维兵团有陷入重围的可能。蒋介石当即表态：5个军不行，两三个军可以想法子调。听了蒋介石的承诺，杜聿明十分高兴，认为"老头子已决定大计"，当天便与刘峙一起飞返徐州。

然而，事情远非杜聿明想象的那般乐观。待到徐州部队集结完毕时，从豫南来援的黄维兵团已被包围，而蚌埠的部队进进退退，始终未全力北上。三路大军，既没统一思想，也没统一行动，会师决战实际上是各自为战。而蒋介石承诺调动的那两三个军，根本没见着踪影。

11月28日，杜聿明再次飞赴南京参加第三次"官邸会报"。会上，当郭汝瑰说到"徐州主力经徐州东南与李刘兵团会师后解救黄维兵团"的计划时，会场陷入一片争吵中。杜聿明对此很不以为然，徐州东南水网湖泊众多，大兵团根本无法行动。见此情景，国防部参谋总长顾祝同喊出杜聿明到小会议室密谈。在小会议室里，杜聿明向蒋介石阐述了自己的观点："要放弃徐州，出来再打，就等于把徐州的三个兵团葬送。"杜聿明建议徐州主力从徐州西南撤离，打即不撤，撤即不打。蒋介石当即表示同意。

然而，就在杜聿明西撤途中，他才知道，蒋介石只是表面上同意"撤即不打"，实际上是想出来再战。杜聿明撤离徐州后不久，蒋介石即空投给他一封亲笔信,对他一味西进极为不满:"弟部本日仍向永城前进,如此行动,坐视黄兵团消灭,我们将要亡国灭种,望弟迅速令各兵团停止向永城前进,转向濉溪口攻击前进。"杜聿明看完信,颇感无奈。就在他遵令调整部署时,被一路追赶来的解放军包围。

  3次官邸会报,3个重大决策,杜聿明是决策参与者,又是决策执行者。只有他知道,导致战场上决而不行和行而又变的,或许正是徐州和南京的"面和心不和"。

(贾　萍)

运河铁桥：一场混乱不堪的撤退

黄百韬兵团下辖第25、63、64、100、44军5个军，战前位于徐州以东新安镇地区。1948年11月7日，黄百韬率部向徐州西撤。从新安镇到徐州，中间有京杭大运河横隔，河宽200多米，运河上只有一座铁路大桥。8日，黄百韬所属各军陆续到达运河铁桥。

当他们沿河寻找渡河船只时，却发现，船只都被当地老百姓沉入河底或隐藏到下游去了。而计划中除63军作为兵团侧翼掩护，从窑湾渡运河西撤外，其余4个军，再加上国民党地方人员十几万人，都要从这唯一的大桥通过，混乱情况可想而知。

按计划，64军首先通过运河铁桥，在运河

战后新建的运河铁桥

运河铁桥旧址处为纪念抢占铁桥的解放军战士所立的石碑

西岸掩护其他部队过河。8日拂晓,黄百韬的兵团部和直属部队跟随64军全部渡过运河。44军随后也开始过桥。由于44军从海州撤退时拖带了数万非战斗人员,他们的大车、小轿、箱笼、行李堵塞了大桥,导致桥上水泄不通。跟在44军后面的是25军和100军。8日下午2点,25军和100军刚刚到达运河东岸,南面枪声大作,解放军从天而降,横扫过来。此时,整个铁桥已完全处在解放军部队的火炮射程之内,炮弹在运河铁桥周围爆炸。桥上的国民党军乱得像热锅上的蚂蚁,很难过桥。加上追兵将至,大家都认为过了运河才能安全,所以部队争先恐后,争相过桥,十分拥挤。过河部队则在桥头上架上机枪,不准其他部队过去。骡马、辎重、炮弹等被抛弃极多,车、马、人等互相踩踏,只要前一个跌倒了就很难再起来,被马、车踏死者,掉到河里淹死者不计其数,以致25军还未渡河,就遭到了很大的损失。

9日凌晨,天蒙蒙亮,黄百韬到达运河边,此时的他发现自己犯了一个致命的错误:没有提前架设浮桥。看到桥上面如蚁的人流,听到汽车喇叭声和人群喧嚣声,他不禁大声吼道:"秩序!秩序!命令各级指挥官给我加强纪律!全兵团必须在11月9日正午前全部撤过运河!"可在这种状况下谈纪律,也只能是说说而已。黄百韬在众卫士的护卫下,也好不容易才通过了铁桥。

直到9日下午4点,25军和100军主力才渡过了运河。担任掩护任务的是100军的44师。该师掩护任务完成后,奉命撤退。师直属部队过桥后,守备铁桥的25军某团便想炸毁铁桥,以阻止解放军过桥。此时,100军44师师长刘声鹤和该

华野某部通过运河铁桥追击黄百韬兵团

师的3个团都未过桥。100军军长周志道听说后,大为恼怒,跑到桥上大骂:"老子一个师没过河,哪个敢炸!等仗打完了,非和黄百韬到国防部打官司不可。"守桥部队见周志道发火了,而且100军的部队就在桥头,因此没敢引爆。随后,刘声鹤率一部过了桥,周志道方才离去。

周志道前脚刚走,堵塞在铁桥东头的一辆弹药车突然起火,引起爆炸。担任炸桥任务的25军工兵分队以为解放军已追到桥东,立即引爆了预设在桥上的炸药,将桥炸毁。周志道的两个团,被隔在对岸无法过河,喊声、骂声、哭声乱成一片,天黑后,100军的两个团大部被华野追击部队歼灭,周志道知道后气得跳脚大骂。

至此,黄百韬兵团大部已渡过了运河铁桥,过桥时共损失4个团万余人。曾亲身经历了过桥的国民党军军官杨南邨说:"我从军20余载,看到部队的溃退这是最惨的一次!"从窑湾撤退的63军,最终被华野1纵赶上包围全歼。

（王　瑶）

窑湾：国民党第63军的不归路

窑湾，位于运河和沂河会合处的西南面，西临运河，北靠沂河，南、西、北三面被运河环抱，往来船只较多，是苏北运河的重要港口，素有苏北"小上海"之称。如今的窑湾已是新沂市西南方的繁华古镇，国家4A级旅游景区。就是在这样一座景色秀美、古朴繁华的古镇，60多年前，国民党军第63军走上了不归路。

63军原是广东余汉谋的部队，战前从南京、芜湖一带调到淮海战场。军长陈章是1948年10月初由第62军副军长调升的。对此，第7兵团司令官黄百韬曾忧心忡忡："战前换将，兵家所忌。"

当11月5日徐州"剿总"决定放弃海州，黄百韬兵团西撤徐州时，黄百韬即令63军占领新安镇，掩护第9绥靖区李延年部通过新安镇后，即在窑湾渡河向碾庄圩撤退。陈章接到兵团部命令后，没有研究窑湾方面的情况，更没有考虑有无渡河材料，有无办法渡河，便草率部署：第152师派455团于11月

如今的窑湾已是新沂市的繁华古镇，国家4A级旅游景区。65年前，在这里，国民党军第63军走上了不归路

6日到窑湾征集材料，架设轻便桥，并派兵在窑湾西岸占领桥头堡阵地，掩护63军主力在窑湾渡河向碾庄圩撤退；其余各部待第9绥靖区李延年部通过新安镇后，即从窑湾渡河向碾庄圩撤退。

据担任63军152师师长的雷秀民回忆，455团到达窑湾时，窑湾西岸已被解放军占领，附近船只早已逃避一空，派兵四处搜索，只征得大小木船4只。副团长张友和率该团1营利用这几条船漕渡，刚过河，即被解放军歼灭过半。陈章得知这一情况后，又命152师师部及直属部队于7日午前开到窑湾继续搜集渡河材料，并派兵强行渡河，占领窑湾西岸桥头堡阵地。152师到达窑湾时，对岸解放军已增加兵力并配备了交叉火力网，封锁了河面。根据这一情况，雷秀民曾向陈章建议：乘解放军对窑湾的包围未形成之前，放弃窑湾，迅速向窑湾以南突围，在宿迁附近相继渡河西撤，但未被采纳。

时任63军152师副师长的黎天荣和第63军152师副师长兼456团团长的李友庄回忆：63军在新安镇完成掩护兵团主力撤退任务后，7日理应迅速离开新安镇，按计划取道窑湾渡河，行程60里，当晚全军均可赶到窑湾。陈章却说："我们广东部队从南方打到北方，共产党没什么了不起。"当主力全部开走后，陈章居然自己殿后。在看到第7兵团各军后勤人员焚烧仓库里搬不走的被服时，还传令士兵抢带被服，迟迟不走。直到8日下午3时，陈章才在李友庄催促下离开新安镇。当晚，来到距离窑湾20多里的堰头镇附近的村庄，又令各部分散宿营。各部相距十数里之遥，毫无警戒。陈章却一副成竹在胸的样子。

9日拂晓前，解放军对63军军部及454团进行包围并猛烈攻击。此时，在窑湾的两个正副师长得知军部被围后，即开会研究。186师师长张泽深提出由两位师长率领窑湾的部队向东南方向撤退。雷秀民不表态，黎天荣则提出反对意见："我们不能抛弃军长及军主力不顾，只顾带少数部队逃跑。"他建议派靠近军部的557

团去解围。张泽深只好默认，但不愿派557团去解围。到9日下午，454团大部被歼。军部及直属部队死伤惨重，陈章率残部逃到窑湾。

63军困守窑湾，被解放军重重包围，已成瓮中之鳖。陈章却故作镇定地说："兵法云，置之死地而后生，我们要63军一战成名天下知。沉着地顶它一两个浪头，好戏就在后面呀。"他部署186师固守东门至北门地区主阵地；152师固守南门至西门间主阵地；556团为军预备队，固守待援。

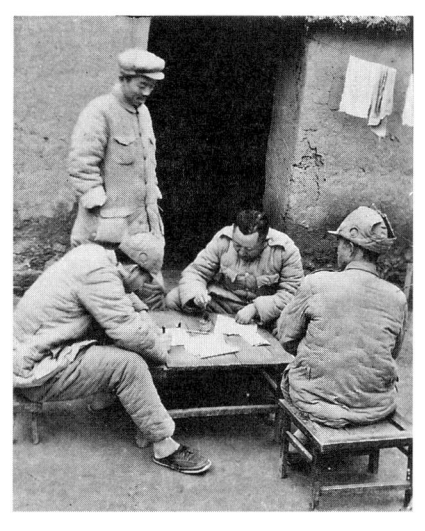

窑湾战斗中，国民党军第63军军长陈章战死，很多将领被俘。图为被俘的国民党军3位团长在写家书

固守待援时，曾发生过这样的笑话：10日黄昏前，碾庄圩方面战斗很剧烈，炮声隆隆，由于风向关系，听起来炮声由西而东，由隐而显。官兵们错误地判断援军已由西向东攻击，接近窑湾镇运河西岸了，奔走相告，认为解围有望，结果空欢喜一场。11日下午4点30分，解放军对被围的63军发起了总攻。经过激烈战斗和反复争夺，小东门最先失守，继而大东门也被突破，随后，双方转入逐巷逐屋争夺战。战至午夜，63军大部被歼。陈章见大势已去，组织残部准备利用木板泅水，顺流南下，突破包围圈后登岸逃命，谁知到河边不久，便遭到对岸密集的火力扫射，陈章中弹身亡。

激战至12日晨，63军两个师5个团1.3万人被歼灭，63军在窑湾走上了全军覆灭的道路。

（余自银）

道台衙门：荒唐的祝捷大会

徐州市中心的文亭街，有一个叫道台衙门的地方。最早，道台衙门是明清两代徐州地区及民国时期徐海道的最高行政机关，淮海战役时是国民党军徐州"剿总"司令部。当时，尽管国民党军每战必败，但报纸上刊登的"捷报"却随处可见，最荒唐的捷报当数"徐东大捷"的报道了。除报道外，国民政府和国防部还多次组织慰劳团，到徐州庆祝"徐东大捷"，全国慰劳总会第一、第二慰劳团，就曾在"剿总"司令部的大礼堂举行过一场盛大的慰劳大会。

那是1948年11月25日晚上8点，慰劳大会在一片庄严的气氛中开始了。首先由慰劳团第一团团长张道藩致开幕词。他详细地说明了徐州会战的意义，表达了对刘峙、杜聿明及全体将士的敬意。接着，第二团团长方治朗读了慰问礼单。礼单上的礼物主要由国防部提供，也有部分地方捐赠，包括：每位将士香烟1包、手套1双、毛巾1条、袜子1双，以及糖果3万斤，卫生衫1万余件等。方治朗读完礼单后，数名慰劳团团员进

淮海战役时国民党军徐州"剿总"司令部礼堂旧址

行了慷慨激昂的慰问演说,然后两名团员分别向刘峙和杜聿明献上了"党国干城"和"功在党国"的锦旗。最后,徐州"剿总"总司令刘峙和副总司令杜聿明戎装登场,致答谢词。

大会开得隆重而庄严。但刘峙和杜聿明心里都很明白,慰劳团祝贺的"徐东大捷"不过是一场闹剧。11月15日以来,徐州"剿总"误以为主动后撤的解放军被击溃,一面令邱清泉、李弥兵团全线追击,一面向南京报告了"徐东大捷"。后来才知道,他们是被解放军做出的"停止攻击,稍向后收缩,使敌大胆东进"的部署迷惑了。

当事者心知肚明,却没法戳破自己编织的已无法收场的谎言。慰劳大会结束后,慰劳活动仍在继续。第二天,慰劳团和记者团,前往徐州东南邱清泉兵团部所在地进行战地慰问。这回,闹剧由刘峙和杜聿明的部下邱清泉继续出演。邱清泉绘声绘色的讲述了第2兵团击溃解放军3个纵队的战绩。慰劳团和记者团信以为真。他们想象前线一定是断壁残垣、破壕残垒,要求到第一线参观"大

国民党慰劳团在潘塘前线劳军。慰劳第一团团长张道藩在中间站立发表慰劳讲话,站在他左面的是第二团团长方治

捷战绩"。邱清泉听罢赶忙说:"第一线能去得了吗?出了危险,谁负责任。"但又无法拒绝,只得给前线的70军军长高吉人、74军军长邱维达打电话,让他们做好接待准备。到达74军军部所在地潘塘后,军长邱维达及参谋长江崇林在指挥所里接待了慰劳团员和记者们。为更好地宣传"战绩",邱清泉还把没有参加潘塘战斗的32师师长龚时英和某团通信兵打造成为潘塘战斗的典型,并借来了其他部队的战利品,组织记者拍照。为树立这个"宣传典型",邱清泉还找了个理由:"第32师刚刚成立不久,没有'战功',以此来培养龚时英,提高第32师官兵的斗志。"

慰劳活动一直持续到11月26日结束。而早在3天前,黄百韬兵团已被全歼,增援黄百韬的邱清泉、李弥兵团,10天里死伤1万多人、损失34辆坦克、消耗12万发炮弹,只前进了10多公里,始终没能越过解放军的防线。"徐东大捷"非但谈不上大捷,甚至可以说是一次彻头彻尾的失败,蒋介石在电报里怒斥其为"奇耻大辱"。

如今,田野上的徐东战场遗址除了几座解放军的战斗纪念碑外,已了无痕迹。而位于市中心的"剿总"司令部的大礼堂却在城市拆迁的热潮中幸存了下来,也许是因为它见证了一场荒唐的祝捷大会——一个发生在淮海战役时的"皇帝与新装"的故事吧。

(贾　萍)

福音堂：一个天大的玩笑

福音堂，位于宿县城西南角，创建于1908年，是一个基督教堂，淮海战役时是国民党津浦铁路护路司令部副司令兼宿县城防最高指挥官张绩武的指挥部。

张绩武，1905年生，湖北罗田人。对于守城，张绩武感到压力很大。

宿县，位于徐州和蚌埠之间，是徐州的重要补给基地和通向京沪的必经之地。一旦宿县失守，不仅补给线将被切断，徐州和南京联系完全中断，徐州战场也势必会形成被围之势。战前，国民党军成立了津浦路护路司令部，司令是交通部交通局局长周伟龙，张绩武任副司令，下辖4个总队。但开战后，由于津浦南线紧张，周伟龙很快就南移蚌埠，留下了张绩武守宿县。最可气的是，周伟龙离开宿县时带走了4个总队中的两个，张绩武能用的部队只有第2、第16总队和第25军的148师，要守住宿县，实在困难。而徐州"剿总"总司令

福音堂位于宿县城内，淮海战役时是国民党军津浦铁路护路司令部副司令兼宿县城防最高指挥官张绩武的指挥部

1948年11月的宿县城。城墙宽厚,护城河环绕

刘峙无兵可增,却很会发电报。刘峙致电张绩武,说"宿县关系徐州会战(指徐蚌会战)全局甚大",勉励他"努力奋斗到底"。

对此,张绩武的部下多有抱怨,交通警备第一旅参谋长韦编就曾说过,"外无援兵,士无斗志","交警根本没有守城任务,只有守车站的责任","几封空头电报,怎能挽救危局呢"。

就这样,一支保护津浦路的部队,被赋予了坚守战略要地的重任。而他们的对手是解放军能攻善守的陈锡联和秦基伟的部队,此时,他们已兵临城下。

1948年11月15日,张绩武带领他的护路部队,开始了守城之战。

结果可想而知。宿县城虽城高墙厚,工事坚固,环城有宽约3丈、水深没顶的护城河。但解放军从强行架桥、连续爆破,到突入城内,只用了40分钟。攻入城后,双方在城里打起了巷战。从15日下午5点战斗到晚上11点多,城里只剩下张绩武及司令部的300多人,在福音堂里,依托坚固工事固守。张绩武用4辆装甲车,封锁住了通往福音堂的道路,率领大约两个连的士兵与解放军周旋。

午夜两点多,解放军对福音堂喊话劝降无效后,解放军发起了攻击。山炮连续击中了福音堂的钟楼。福音堂外的一辆装甲车被解放军的工兵炸毁,其余的3辆转头逃跑时,掉到了沟内,被缴获。解放军用缴获的装甲车上的火炮,向教堂轰击。

眼看福音堂守不住了。无奈之下，张绩武率部往南门逃跑。没跑出多远，就被解放军俘虏了。解放军战士发现，俘虏群里有一个满脸抹了锅灰的人，总在絮絮叨叨的追问："你们对俘虏官杀不杀？"询问过其他俘虏后，才知道那是张绩武。

宿县失守，对国民党军来说是致命的打击；对解放军来说，这次战斗的收获实在令人惊喜，缴获的物资中不仅有大量粮食，还有大量军用品，包括50多辆汽车，1列装甲火车，5个火车头和200节车皮；而对张绩武来说，这似乎更像是一个天大的玩笑。他曾说过："这次周伟龙在情况紧急时带走两个大队进到南边，这是诚心和我开玩笑，有意肢解我的部队。"

国民党军津浦路护路司令部副司令兼宿县最高指挥官张绩武在淮海战役中被俘

（贾 萍）

碾庄：司令官到哪里去了

碾庄，东距徐州60公里，是一个有200多户人家的村庄。由于这里碾豆油的人家特别多，石碾也多，所以称为碾庄。淮海战役开始时，碾庄原是李弥兵团的防地，李弥撤回徐州后，西撤的黄百韬兵团来到了这里。当年，黄百韬把部队部署在了碾庄及周围不到18平方公里的地区内，兵团司令部设在庄内一家山西人开的油坊里，也就是今天的碾庄村6号。

从11月10日黄百韬奉命固守碾庄到11月20日黄百韬撤离，黄百韬在这里度过了他生命中的最后岁月。

那段日子，黄百韬的心情格外复杂。战前，他就预感到了失败："如果我被围，不要指望别的兵团来救。古人说：胜则举杯相庆，败则出死力相救。我们是办不到的。"最初的几天，热闹的碾庄也曾给黄百韬一些安慰。飞机不断飞来侦察敌情，对解放军阵地实施轰炸；徐州方面的电话电报纷至沓来，勉励他坚

今天的碾庄村6号，淮海战役时是国民党军黄百韬兵团的指挥部。黄百韬在这里固守了10天，度过了他生命中的最后岁月

持战斗；南京方面则每天派飞机空投《中央日报》《扫荡日报》，宣传胜利，吹嘘战果。被包围的第二天，国防部参谋总长顾祝同还亲自飞临碾庄上空，与黄百韬通了电话，鼓励他：蒋介石已严令杜聿明率邱清泉和李弥兵团全力东援，望黄百韬一定要守住碾庄圩，配合邱李夹击当面共军，一举将其消灭于运河以西地区，并空投给他一部电台，以便加强与空军的联络。

于是，黄百韬把碾庄圩打造成了一个坚固的堡垒。他利用村庄房屋、沟渠土坎以及原有工事形成了村外、村内相连的多层网状阵地，并设置了多层火网。他采用以攻为守的战术，不断派部队出击，甚至组织了敢死队，死守碾庄，收获了部分战果，给解放军造成了很大伤亡。

但当顾祝同再次飞临碾庄圩上空，给黄百韬打气时，黄百韬的心情跌入了谷底。顾祝同告诉黄百韬："邱李兵团在陇海路两侧受到阻截，无法前进，你们如有能耐突围出去，去与邱清泉李弥会合也好。"黄百韬知道援兵已经靠不上了，自己的部队被歼是早晚的事，便回答道："我总对得起总长，牺牲到底就是了。"黄百韬下定了坚守到底的决心，他对第25军军长陈士章说："反正是个完，突围做什么？送狼狈样子给邱清泉看着快意吗？不如在此地一个换一个打下去，最后不过一死，也对得起党国和总统、总长。"

顾祝同对黄百韬说了真心话，徐州方面传递来的信息却正好相反。由于解放军后撤，增援部队一度进展顺利。于是，刘峙连电向南京"告捷"，黄百韬也收到了徐

黄百韬在战役中毙命身亡。图为解放军在黄百韬兵团司令部缴获的黄百韬的照片和胸章

州方面发来的捷报。黄百韬知道这是吹嘘，但他宁可相信这是真的。那段时间，经常有人看见黄百韬爬上指挥部的房顶，向徐州方向瞭望，搜寻援兵的踪影，直到解放军总攻的到来。

11月19日夜，解放军的总攻开始了。20日凌晨2点30分，解放军突击部队冲进了碾庄。激战一小时，进入庄内的解放军已达到6个步兵团。黄百韬见状，连电台和密码本都没来得及销毁，就与25军军长陈士章和副军长杨廷宴率部分卫士撤离了指挥部。

离开指挥部的第三天，黄百韬腿部被流弹击中，在杨廷宴的搀扶下，来到了尤家湖附近一片隐蔽的洼地休息。在这里，黄百韬留下了最后的遗言："我有三不解，一是为什么那么傻，要在新安镇等44军两天？二是我在新安镇等两天之久，为什么不知道在运河上架设军桥？三是李弥兵团既然以后要向东进攻来救援我，为什么当初不在曹八集附近掩护我西撤？"此后，黄百韬毙命身亡，是自杀还是被击毙，至今仍是个谜。

黄百韬已死，徐州仍在召开庆祝胜利的大会。记者会上，一名记者不无怀疑地问徐州"剿总"副总司令杜聿明："这样的大捷，黄百韬到哪里去了？"杜聿明无奈地回答："黄百韬回家休息去了。"

（张成君）

南坪集大桥：进与退的无奈选择

1948年11月23日，奉命增援徐州的黄维兵团长途跋涉，来到了安徽宿县西南的南坪集。南坪集位于浍河南岸，距离宿县只有20多公里，是宿蒙公路上的重镇。宿蒙公路从集镇中穿过，集镇北侧的一座大石桥，也就是南坪集大桥，连接河两岸的公路。只要越过石桥，就可直抵宿县，中间再没什么障碍物。

尽管如此，黄维却感到不安，在他看来，继续前进了已不利。

他奉命从河南出发驰援徐州时，最初几天，尽管一路遭到阻击、截击，但他以为那不过是散兵游勇的袭扰。但几次交锋后，他

横跨在浍河上的南坪集大桥

发现，阻击部队兵力强大，战斗力强，既不是地方部队，也不是原来判断的不超过一个纵队的兵力。为此，他曾致电蒋介石，请求批准他将主力转到安徽怀远附近渡淮河，与蚌埠的李、刘兵团会合后再沿铁路北上。但黄维的电报发的不是时候。徐州东面战事吃紧，黄百韬兵团被紧紧包围，有全军覆没的危险，蒋介石正在焦虑地等待黄百韬兵团被解救，哪里还会同意黄维的请求。

无奈之下，黄维只好按照蒋介石"迅速赶赴徐州"的原定计划，硬着头皮前进，再前进。

21日，黄维兵团强渡北淝河，突破解放军防御阵地。

22日，黄维兵团强渡浍河，突破解放军防御阵地。

23日，黄维兵团到达南坪集。

前进过程中，黄维也发现解放军的强大兵力在其周围运动，但他不敢违抗蒋介石的命令，继续向宿县推进。此时的他并不知道，解放军将其歼灭的决心正在逐步形成并达成一致。23日上午9点和晚上10点，刘伯承、陈毅、邓小平发出两封电报给中央军委，表达了歼灭黄维兵团的决心。24日下午毛泽东复电总前委：完全同意先歼黄维兵团。

黄维兵团机械化程度高，对公路依赖性大，涉渡江河完全依赖桥梁。大石桥虽年代久远，但仍可通行重载车辆和轻型坦克，且桥的上下游数十公里内无其他桥可以代替，所以，南坪集大桥是黄维的必经之路，黄维别无选择。因此，南坪集大桥南面，黄维的老同学——中野第4纵队司令员陈赓早已严阵以待。陈赓背水设阵，做出以公路为主要防御方向的部署，正面只放置了少量部队，主力部队

在浍河南岸阻击黄维兵团的是黄维的黄埔同学——中野4纵司令员陈赓

全部放在宿蒙公路两侧。这也就是为什么黄维集中重炮和飞机对南坪集实施火力准备，几乎将整个集镇夷为平地，却并未给解放军造成太大伤亡的原因。此后，陈赓奉命放弃南坪集，诱敌深入，后撤至距宿县仅11公里的地方，与相邻纵队组成"袋形"阵地，等待黄维的先头部队进入"袋底"后，预伏的主力部队即从两侧对其实施突击，借浍河将其分割包围。

被俘后的国民党第12兵团司令官黄维

解放军撤退后，黄维率部抢渡南坪集大桥，继续向宿县推进。18军首先过桥，但过桥后，立即遭到解放军"袋形"阵地防守部队的阻击，紧跟其后的10军一部渡过大桥，另一部被阻于浍河南岸，前进困难。

黄维感到不妙。全兵团长途行军500里，后方联系完全中断，又处在3条河流之间的狭窄地区，很难展开。解放军层层设防，难以突破，进亦难，退亦难，有被合围的危险。18军军长杨伯涛建议乘东南方向还未发现解放军，立即由此方向向固镇以南地区撤退，与李刘兵团会合后再由津浦路北进。黄维认为杨伯涛的意见很有道理，但又怕违背蒋介石的命令，而且宿县近在咫尺，他不甘心就此放弃对宿县的占领，因此犹豫不决，直到深夜才决定拂晓时分向固镇转移。可是，当杨伯涛向黄维报告部队行动计划时，黄维又说要等一等再说。原来，黄维派去给85军军长吴绍周送转移命令的参谋和其所乘的吉普车都失踪了，黄维担心转移计划泄露方才迟疑不决。

直到黄维发现当面解放军活动有逼近之势时，才下令各军开始行动。此时，已是下午4点。黄维的犹豫，为解放军的逼近和合围，创造了有利条件。不久，东南方向的解放军部队赶了上来，堵住了黄维的东撤之路，并会同其他各方部队，将其包围。杨伯涛曾经抱怨道："如果以上午五点钟开始行动算起，则耽误了11个钟头之久，按急行军速度至少要走了60华里以上的路了。"

  历史没有假设，却有规律。大势已去时，在进退之间徘徊，或许正是黄维复杂心境下别无选择的选择。

（贾　萍）

第四篇 遗址故事——探寻足迹中的轨迹

尖谷堆：炮火磨平的土堆

黄维在退回浍河南岸后不久，被解放军包围在了双堆集地区。

双堆集是安徽淮北濉溪县东南的一个集镇，当年有一百余户人家，集镇的名字取自两个古老的土堆。一个叫尖谷堆，另一个叫平谷堆。有关部门曾来此考察，根据土堆深处挖出的物品，鉴定土堆为新石器时代文化遗址。而当地民间则流传着姑嫂比赛堆土堆，形成尖谷堆和平谷堆的传说。土堆的来源究竟如何，谁也说不清。但这两个土堆，特别是尖谷堆，在1948年冬发生的那场战斗中，成为双方争夺的焦点，成为中国革命史上赫赫有名的战场遗迹。

战前，尖谷堆高30米，在一马平川的淮北平原上，无疑是制高点。登上土堆，方圆数十公里的广袤平原一览无遗。黄维把兵团司令部设在了距离此地不到500米的小马庄，希望这个天然屏障能够拱卫司令部，黄维还将炮兵观测所设在尖谷堆上，以便进行敌情观测和步炮协同。为了守住尖谷堆，

位于双堆集烈士陵园里的尖谷堆，淮海战役前高30米，战斗中被削去了五六米

中野6纵、华野7纵协同作战攻占了尖谷堆,使黄维兵团指挥部及其核心阵地完全暴露在解放军火力之下

黄维派出了王牌部队——号称"五大主力"的国民党军第18军,军长杨伯涛亲自坐镇指挥尖谷堆作战。杨伯涛在尖谷堆上修筑碉堡,构筑工事,还在土堆周围挖掘了壕沟,打造了螺旋状的防御体系。土堆上大大小小的地堡和暗堡,土堆下深深浅浅的沟壑,使尖谷堆成为他们眼中的"钢铁堡垒"。战地制高点,司令部的重要屏障,再加上炮兵的观测点,尖谷堆注定成为双方争夺的焦点。解放军都说:"尖谷堆是黄维兵团的眼睛和耳朵,我们如果突破了尖谷堆,也就能直捣黄维兵团的老巢了。"

1948年12月13日,双方在此展开了殊死争夺。国民党派出王牌军,解放军则派出能攻善战的中野6纵和华野7纵。在此之前,经过一天一夜的步步紧逼、层层剥皮,战士们已经扫清了尖谷堆外围的工事。面对钢铁堡垒,他们采取了战壕战术,积极进行土工作业,利用夜晚,将交通壕延伸到了尖谷堆前沿障碍物附近。黄昏时分,攻击战斗打响了。为有效地打击国民党军,华野特纵特地配给攻击部队8门榴弹炮。解放军首先进行炮火准备,步炮配合得十分默契,试射时,爆破组便逼近鹿砦,进行爆破,连续爆破了两个地堡群。炮火猛烈轰击纵深时,战士们便跃出战壕,迅速向前沿突破。他们爬上5尺高的土壁,与守军短兵相接,逐步推进到堆顶。守军见状,公然违反国际公约,猛烈发射毒瓦斯弹,一团团白烟在尖谷堆升起。但解放军早有准备,发现毒气后,大家毫不惊慌,用准备好的湿毛巾掩住口鼻,继续作战,有的则用土将没有燃烧的瓦斯弹熄灭。从下午4点30分到5点10分，经过40分钟激战，解放军占领了尖谷堆。

尖谷堆被占，双堆集处在了解放军的火力控制下，这给黄维兵团核心阵地造成了极大威胁。当日，杨伯涛便开始组织反击。他将特务营、炮兵营、工兵营的官兵组织起来，经过半天准备，于夜里11点，开始了第一次攻击。一声令下，国民党军向尖谷堆冲了过去，但解放军在占领尖谷堆时，已进行了防守准备，工事被重新加固和改造，火器也进行了充分的准备，解放军一举击退了国民党军的进攻。杨伯涛不肯善罢甘休，14日一整天，继续向尖谷堆发动冲锋。15日下午，又集中兵力在坦克的配合下进行了数次反扑。几天之内，杨伯涛更换了3个团长，调动了一切可以调动的兵力和火力，发动了10余次进攻，但都没能攻破解放军阵地，直到15日，黄维兵团全军覆没。

一场战斗，一个土堆被削去了五六米，坚固工事在激战中也已土崩瓦解。如今，尖谷堆坐落在双堆集烈士陵园里，是县级重点文物保护单位。来到陵园凭吊参观的游客常常会登上尖谷堆，眺望远处，已没了一览众山小的感觉，只有堆上的阵阵松涛，在默默地向人们讲述着那个争夺战的故事。

（王　瑶）

黄沟：难道真的是"天意"？

那是淮海战役的第二阶段，国民党军黄维兵团北渡浍河，钻进了解放军预设的袋形阵地，等到他发现态势不利，命令部队向后收缩时，解放军已全线出击，扎紧袋口，把他的兵团包围在了双堆集地区。

黄维开始组织防御。他想选择一个易守难攻的地方，作为司令部的外围阵地。于是，一个不起眼的小河沟进入了他的视野。黄沟在双堆集西面，是一条南北流向的小河。虽然不宽，但也算是一道天然屏障了。黄维就把自己的指挥部设在了双堆集北面的小马家，这里位于尖谷堆和平谷堆之间，西面就是黄沟。黄维无论如何也没想到，这座不宽的小河沟，最后阻挡的不是解放军的进攻，而是他们的逃跑之路。

1948年12月15日中午，黄维兵团已受到解放军的全面火力压制，陷入僵局。黄维随即招来第10军军长覃道善和18军军长杨伯涛，命令他们破坏重武器、电台等一些不便携带的设备，下午6点开始突围，采取"四面开

黄沟河上用死尸铺设的"死人桥"

弓,全线反扑,觅缝钻隙,冲出重围"的方针,向东、西、北突围,实际就是四散逃命,各自为战,各自逃生。下午4点,解放军对黄维兵团发起最后总攻。阵地上雷霆万钧,硝烟弥漫。黄维见大势已去,便和兵团副司令官胡琏以及85军军长吴绍周分乘3辆坦克,在战车的掩护下向双堆集西面前进,企图从这里打开缺口,提前突出重围。

这时,黄沟成为他们逃跑的必经之路。沟上的小石桥早已被炮火所毁,无法越过。而解放军的喊杀声越来越近,搭桥已来不及了。黄维的工兵们就搬来一些树桩和石块填入河中,可仍然不够用。情急之下,他们竟然把士兵尸体和重伤兵填进河沟,上面放上门板,架设了一座——"死人桥"。国民党军的坦克,就从这座桥上碾过。解放军某部团长曾目睹"死人桥"的情景,他回忆道:"这条河沟,有一处已被敌人的尸体堵塞住。堵塞的地方,也有两丈来宽。这块四方形的尸堆边缘上层,还残存几个快要死去尚未断气的伤兵。他们用最后的微弱力气,向我们控诉敌人溃逃时的罪行。"

黄维乘坐的坦克驰过黄沟,一路向北开去,意图迂回突出包围圈,然后再向南转进。然而,这辆坦克没跑出多远,就陷进泥沼里熄了火,再也发动不起来了。黄维不得不爬出坦克夹杂在溃兵中逃跑,最终在南坪集东南方向不远的地方被中野3纵的几名战士抓住,当了俘虏。根据史料,我们打开地图就可以看到,黄维被俘的地方就在南坪镇东南方向两公里左右,靠近一个小村子,而这个村子与村边的小河有着同样的名字,也叫"黄沟"。当年黄维被俘的地方,今天就属于黄沟行政村的管辖范围。

如今,那条长长的黄沟还在,虽然"死人桥"已无法复原。但在淮海战役纪念馆中,一幅黄维兵团用死尸填充河道以便坦克通过的照片让历史永远定格:桥下的死尸已被坦克碾得支离破碎,沟上到处是残肢断臂,颠来倒去的肢体,密密麻麻,或屈或伸，惨不忍睹。门板也被坦克压成了无数碎块，夹杂在尸体中，一片狼藉。

在最后的时刻，黄维转来转去，虽然过了黄沟却又走进了"黄沟"，老百姓都说这是天意。从黄维选择黄沟作为屏障地，到在黄沟上搭起"死人桥"，再到最后在黄沟村附近被俘，这一切似乎都使黄维与黄沟的关系变得神秘蹊跷，给人们留下了一段饭后茶余的话题。

（王　瑶）

陈官庄：从"困"到"囚"

陈官庄，位于河南省永城县东北，淮海战役时，这里只有几十户人家，国民党徐州"剿总"副总司令杜聿明的指挥部就设在庄内的一个名叫陈瑞兴的大户人家里。

指挥部坐南朝北，门楼是一座3层碉楼，远看很像一座古城堡。走进门楼，里面是一座两进的四合院，共16间。如今，人们来到这里，都会看到院内的塑像。塑像有3人，其中两个兵一个坐地上、一个跪在地上锯树，旁边站着一位穿军大衣的军官。塑像描述的正是发生在淮海战役第三阶段的"伐木解困"的故事。

那时，杜聿明率3个兵团近30万人放弃徐州，向西南撤退，被解放军包围在了陈官庄地区。这里距离徐州70公里，包围圈纵横仅几十里。此后，包围圈越来越小，天气越来越糟，空投越来越少，包围圈内的国民党军陷入了内无粮草，外无救兵的境地，从杜聿明等高级将领到基层官

陈官庄徐州"剿总"前进指挥部旧址已成为旅游景点

兵，部队上上下下无不充斥着悲观绝望的情绪，包围圈里呈现出一片末日来临的景象。这种情况下，一个擅观天象、深谙阴阳五行的测字先生便有了用武之地，此人便是

1949年1月9日，徐州"剿总"副总司令杜聿明离开指挥部不久，即被俘虏

第16兵团的监察官尹晶天。据徐州"剿总"前进指挥部副参谋长文强回忆，一天，杜聿明正坐在院子里理发，听到尹晶天说不吉利。杜聿明忙追问为何不吉利，尹晶天说："在四面框框内长着一棵树，不是一个困字吗，难怪我们会被包围呦。"原来，杜聿明的指挥部是一座两进院的四合院，方方正正，四面是围墙，中间是过道，邱清泉和杜聿明的中将副参谋长文强住在过道两边的北屋，杜聿明住在西屋，院子中间有一棵树，就好像是一个方框加一个木字，形成了"困"字。

面对困境，杜聿明也迷信起来。他听了尹晶天的话后，立即要将那棵树砍掉。尹晶天自告奋勇地砍掉了那棵独木树，还逢人便说："杜老总要我砍的。我也曾占过卦，从此大吉大利了，共产党围困我们不了。"然而，"口"里没了"木"，只有"人"了，不就成了

杜聿明的指挥部方方正正，院子中间原本有一棵树，因好似汉字"困"而被砍伐。后人在院子里重新栽种了一棵树，并复原了伐树时的场景

"囚"吗！果然，在伐木后不久，杜聿明被解放军俘虏。

那是1949年1月9日夜，解放军从四面八方攻向杜聿明集团指挥部。杜聿明发给蒋介石最后一封电报后，剃掉胡子，换上士兵服，带着副官、卫士十余人，踏上了逃亡之路。当走到安徽萧县张老庄时，他们碰到了一位老农，杜聿明的副官送给老农一枚金戒指，向他打探消息，嘱咐他不要将此事报告解放军。老农回庄后，立即将此事上报。当时庄里驻有华野4纵11师的一个卫生队和一些伤员，卫生队通讯员樊正国和崔喜云接到报告立即追了出去，将杜聿明一行14人抓获。杜聿明等人被俘后被押送到了华野4纵11师政治部。政治部主任陈茂辉审讯了杜聿明，杜聿明最终承认了自己徐州"剿总"副总司令的身份。

（朱　斐）

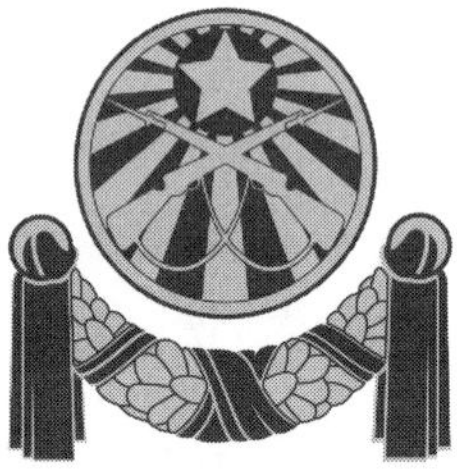

第五篇

纪念馆人故事
——让历史在我们手中传承

他们

是守护人,是传播者

用青春,架设历史与现实的桥梁

用奉献,坚守民族精神的家园

走近纪念馆人

让我们一起

感受传统与时代的对接

倾听历史对未来的絮语

我参加了纪念馆的筹备工作

来徐州前,我在安徽省军区司令部工作。当时,正在筹备淮海战役烈士纪念塔和纪念馆,组织上从南京、济南两大军区抽调部队的干部组建了淮海战役烈士纪念塔建塔委员会资料处,负责纪念馆的文物资料征集工作,业务上对两大军区政治部负责,组织行政上隶属徐州军分区。南京军区要安徽省军区派一名熟悉军事资料工作的干部,到徐州接替先来的余涤亚同志的工作。余涤亚同志此时早已被任命为阜阳军分区政工科长,阜阳军分区催余去上任。资料处这时刚开展工作,很缺人手,于是就把我调来了。来之前,安徽省军区干部处的同志对我说:"调你去徐州淮海战役资料处临时帮

1965年7月,南京军区政委唐亮(前排中)率南京济南军区审查团来徐州审查淮海战役纪念馆时,接见资料处全体同志并留影,第三排左2为本文作者

助工作，还属于我们军区的干部，时间大约3个月到半年，完成任务后，仍然回来。因你长期干档案保密工作，熟悉军事资料，派你去比较合适。"于是，我在1959年12月中旬，来到徐州，住在军分区招待所。谁知，因为建塔、建馆工程延期，这一临时帮助工作竟一下帮了6年之久，也可以说是穿着军装在这里干了6年的临时工，后来又在这里脱掉军装，换上便衣，转业留地方工作。命运把我安排在这里，为淮海战役英烈服务了一生，这里也成了我人生的归宿。

初来徐州时，资料处仅有从南京和济南两大军区调来的六七名军队干部和从徐州市抽调的1名地方干部，大家正在边征集文物资料，边编写征集资料文物纲目和纪念馆的陈列大纲。领导决定让我担任编辑工作，因为我对淮海战役知之甚少，只好边学边干，现学现卖地工作起来。

办纪念馆要靠文物资料说话。刚来徐州的两三年里，征集文物资料工作特别繁忙。有时头一天刚从甲地归来，汇报完情况，第二天又要离开徐州，奔赴乙地去完成新的任务。记得刚从合肥来徐州工作不久，就跟随马振华副处长于1960年1月首次赴云贵一带征集淮海战役文物资料。我们路过郑州，向建塔委员会副主任、河南省副省长邢肇堂汇报了塔、馆筹建情况后，乘火车经武汉、长沙、桂林、柳州到达贵阳，又改乘汽车、火车，先后到了昆明，和13军驻地开远。返回昆明后，本已买好飞成都的飞机票，计划从成都返回。这时，恰有一架北京去昆明送省委书记阎红彦的专机途径武汉返

1965年10月，南京军区周贯五副政委（中）、济南军区何柱成副政委（左4）接见资料处工作人员并合影留念。左1为本文作者

回北京，问我们是否免费乘坐。我们立即改变原计划，退掉已购好的机票，免费乘坐这架能容30人左右的专机，经两个多小时飞行，到达了武汉。由武汉乘船经南京回到徐州。我们这次出差，拿着南京军区政治部的介绍信，先后向贵州省军区、昆明军区、13军、武汉军区等单位的领导同志，汇报了国务院批准筹建淮海战役烈士纪念塔和淮海战役纪念馆的决定，和建塔、馆的意义，并请他们征集所辖部队、个人珍藏的淮海战役文物资料，得到了所到单位的大力支持和热情友好的接待。都表示已接到总政治部关于征集淮海战役文物资料的通知，一定为本部队的光荣历史负责，做好这一工作。我们从昆明军区等单位带回历史照片、奖旗、纪念证、功劳证等文物150余件，还在昆明、开远等地会见了杜聿明集团电台副台长、地下工作者周超同志和战斗英雄张英才、侯永福、卫小堂等同志，畅谈了当年他们的英雄事迹。

  这次出差，也是我有生以来第一次长途旅行。费时20天，先后途径江苏、安徽、河南、湖北、湖南、广西、贵州、云南、江西9个省，行程万里。

  仅1960年就出差7次，在外时间117天，达4个月之久。是年7月，我首次去北京出差。在革命博物馆看了3天，在军事博物馆

1965年11月，淮海战役纪念馆建成开放

看了7天，学习了我党我军的革命斗争史，也学习了两馆一流的陈列艺术，使我这个博物馆业务的门外汉，初步跨入了博物馆业务的大门。这年7月，我还通过河北省邯郸地区的实地考察，通过走访专署的老领导、老同志和民政部门，弄清了当年冀鲁豫边区所辖参加支援淮海战役的地区，新中国成立后，其行政区划分别划给了山东、河南两省。

1960年，资料处因工作需要，又从南京、济南两大军区和徐州市调进20余人，扩展为30余人的工作班子。我所在的编辑组就有9人。1961年底，因蒋介石企图反攻大陆，东南沿海局势紧张，加之建馆工期延长，许多同志陆续返回部队原单位工作，资料处仅留下专职军人5人，兼职军人3人，地方干部3人，坚持工作。我留下来继续担任支前部分编辑并兼任秘书工作。直至1964年8月，纪念馆基建完工，陈列布展工作上马，才又陆续调回了几位同志。而我兼任的秘书工作，交还给调回的同志，与大家一起投入紧张的陈列布展工作。

那几年，我们一共征集文物资料13 300余件，保证了陈列需要。还主要完成了纪念馆陈列纲目的6次修改定稿，陈列细目和展出照片文物的鉴选确定以及说明文字、解说词的编写等各项任务，累计编写10余万字。待纪念馆陈展版面、桌柜做好后，我们仅用了两三个月，就于1964年11月完成了初展任务。随后，大家又根据两大军区部分首长和总政治部委托的军事博物馆审查组的初审意见，进行了多次修改。直至1965年7月，南京军区政委唐亮受总政治部委托，率领南京、济南两大军区30余人审查团，经过一周的审查后，又作了必要的修改，终于，1965年11月6日，与淮海战役烈士纪念塔同时正式开放。参加塔、馆落成典礼的南京、济南两大军区的领导热情接见了我们这些参与筹建工作的部队同志，并与我们合影留念。

（于世景）

照片往事

纪念馆是陈展的居所,照片是陈展的主人。

20世纪70年代办陈展,一切皆靠自己。馆藏的照片需按设计好的尺寸放大,放大展出才有效果。那时没有专业的暗室,就在办公室内操作。设备简陋,显影、定影液都由自己配制,盛装液体的家什是从市场购买的洗浴用的大木盆,为防止渗漏,上面铺垫一层塑料布。扩放60×80厘米的照片还好操作,如果放大宽1米以上的大照片,立式投映机就要抬高再抬高,下面由桌子摞椅子再摞方凳来支撑,直至顶上天花板,这时剪裁好的大相纸就平铺在地面

1998年,淮海战役纪念馆进行了改陈,陈列照片全部由馆里的工作人员自己装裱。图为改陈后的人民支前厅

上，除了根据设计尺寸要不断调整机器与相纸之间的距离外，还需精确掌握好照片曝光和显影的时间，既不能欠也不能过，因此放大之前要先试小样，看显影出来照片颜色深浅对比度是否合适，再行放大。如此三番，工序烦琐，几乎全凭经验来完成操作。盛夏酷暑，玻璃窗被厚厚的深色布幔遮挡着，无光无风，蚊虫飞舞，屏蔽着时间的概念，一天到晚忙下来，最多放大13幅照片，已是当年的最高纪录。如若仔细观察、分辨，不难发现，放大后的照片上时有蚊虫的投影，还有工作者滚圆的汗滴。

80年代，照片放大开始对外承包，装裱照片还是自己干。1984年，淮海战役纪念馆闭馆改陈，成立了4人装裱组，均为28岁以下的年轻人。装裱照片是既有技术含量，更需要气力的活儿。掺了胶和福尔马林的糨糊要配比搅拌稀稠得当，照片装裱前需放水中浸泡，待微涨后，再涂抹糨糊。涂抹时要厚薄均匀不留死角，免得薄了粘不牢，厚则表面显凹凸。将涂好糨糊的照片平铺在板面上，此时需手握棕刷，使尽力气进行充分赶压，来不得半点马虎，小幅照片一人可搞定，大幅照片得两人或多人合作才能完成。装裱的过

1965年，淮海战役纪念馆建成开放。图为纪念馆的战役实施厅

程，也是对照片二次裁剪的过程，根据照片反映的内容适当剪裁，使画面构图合理，重点突出。超负荷劳作一天，腰酸臂疼，拼的是年轻，第二天照样干，最多一天能装裱38幅。眼看着一张张卷曲的照片从手中变成平整美观的作品上了版面，欢声笑语在展厅中阵阵回荡，此时的疲劳烟消云散。美丽，不仅因为年轻，更因为和谐而全神贯注投入工作的状态。

90年代，馆际之间的交流日益广泛，临展频繁举办，基本陈列与时俱进，内容拓展延伸，陈列的照片也由单一的黑白过渡为黑白与彩色相间，照片经常更换，工作量大增。名目繁多的临展开放日往往选在特定的纪念日，因此常常为赶工期夜以继日突击布展。如果说放大、装裱照片适合单兵、小组作战，将照片上墙的后期布展则需集团作战。按设计图放线、给照片板钉边框、拧角铁、挂上墙这一套程序似流水作业，环环相扣，这是各路"巧手"大显神通的时刻。就拿钉边框这事来说，看似简单实则不然，有的人钉的又快又爽，一锤下去四平八稳，张弛有度妥帖无痕，效率极高。有的则别别扭扭，一锤不行再来一锤，钉弯了还须返工，越着急手越不听使唤，差错越多返工率越高，自信心就越受到打击，对身边的"巧手"也格外服气，此时"巧手"自然成了大家争相拉拢的香饽饽，在照片布展的平台上，成为无法替代的一技霸主，真可谓尺有所短寸有所长，任何人都有令人学习和值得尊敬的一面，只要你愿意。

照片来之不易啊，听参加淮海战役的战地记者讲，当年战场上的胶卷十分稀缺，按计划分配，哪敢放开使用。那么多值得宣传、记录的瞬间，却苦于没有胶卷拍摄，后来想办法用医用x光胶片或电影胶片替代，凑合着用。是战地记者们不顾生死安危穿梭于枪林弹雨中，将参战者辉煌伟大的瞬间定格为永恒。征集者的脚步也迈得格外艰辛，每次外出都如上紧的发条转个不停。印象最深的是那次去四川，傍晚乘长途汽车从成都出发，车况差，硬座，四面透风，路况更差，一路都是石碴地。晚上一打瞌睡，便会被汽车剧烈的摇晃和颠簸惊醒。一路颠簸，彻夜无眠，凌晨3点多钟车到重庆，在大院门口坐盼天亮……

　　一幅幅照片，在一代代人手中传承，无时不在见证着历史，诉说着拍摄者及纪念馆人说不完道不尽的故事。

（张明莉）

从"仓库"到"库房"

淮海战役纪念馆建成之前,征集来的文物资料保存在当时资料处的保管室里。资料处曾3次搬迁办公地址,文物资料保管室也跟着搬了3次家。

最初,文物资料保管室在徐州军分区内,后来搬到了徐州市工人文化宫南楼,再后来又移到了徐州市工人文化宫北楼。直到1964年8月纪念塔和纪念馆落成后,文物资料才终于有了一个安定的新家——位于纪念馆地下室的文物库房。

说是库房,其实就是个仓库。面积不足60平方米,除摆放馆藏文物外,还要存放全馆的图书、参考资料和历史照片,保管条件十分有限,保管设施异常简陋。藏品长期处于一堆、一箱、一捆的保管状况,有的文物不得不重叠堆放,不仅影响文物的正常使用,而且直接威胁文物本身的安全,使文物无法得到应有的保护。这些,大家看在眼里,急在心里。1978年,"文化大革命"结束后,在办公区后院新建了文物库房,面积185平方米,增添了柜子、架子等保管设施,购置了除湿设备,库房条件得到了一定的改善。

2007年7月,淮海战役纪念馆新馆建成并正式对外开放。我馆也有了申报国家一级馆的想法。《博物馆评估标准》中对文物库房有很高的要求。为了实现文物保护和管理的科学化、规范化,达到国家一级博物馆的要求,纪念馆决定重建文物库房。这一次,文物库房发生了翻天覆地的变化,终于完成了从"仓库"到"库房"的转变。

正好，那年我刚从一名讲解员转岗成为一名文物保管员，与付红老师共同负责文物库房的工作。付老师是70年代的老职工，做库房保管员

改扩建后的标准化文物库房

已经二三十年了，有着丰富的工作经验。她为人真诚，对待工作仔细认真，与她在一起工作的日子里，我从她身上学到了很多东西。库房装修好了，每一间库房都配备了崭新的手摇式密集柜，性能齐全的除湿器，实时监控的温湿度表，并且还单独设立了珍贵文物保险柜。付老师对我说："接下来的任务就是分类摆放文物了，这将是最关键的工作。"她还说，文物过去都是堆积存放，或者用大木箱盛放，每次提取一件文物，都要挪动其他文物，牵一发而动全身，不能迅速准确提出，工作效率极低，现在有了设备齐全的库房，一定要好好地归整它。

我们根据博物馆文物保管要求，将文物按照库房现有条件和文物质地分为：纸、布、木、铁4大类，分门别类将文物存入库房内，以"核对准确、不留后遗症"为原则，认真细致地对每一件文物与原始账目进行核对，然后再整齐的摆放进文物柜，让文物安全地住进它们的家。在摆放文物的过程中，由于长期的密封环境，加上为了防止被虫侵蚀，置放了很多樟脑精，文物散发出难闻的气味，可大家没有因此放慢手中的工作。每天早上都是提前到达库房，在弥漫着樟脑精气味的房间里仔细整理文物，一待就是一整天。下班回到家里时，衣服上，头发里，鼻孔里全是库房的味道。有几次，付老师被库房的味道熏得头痛，但第二天她还是继续工作，从未因身体原因影响工作。

为了能更快地将文物分类入库，领导又派了两位男同事和我们一起工作。两位男同事发挥了重要的作用，架炮弹，扛重物，重活累活他们都抢着去干。

在弥漫着樟脑精气味的房间里，纪念馆工作人员认真细致地整理文物

在摆放文物的过程中，我与同事们一起认真地擦拭、整理每件文物。一边擦拭，付老师一边跟我们讲关于文物的小故事，我们眼前仿佛浮现出这些文物征集时的情景。在付老师眼里，这些文物就是宝贝，它们见证了中华民族为争取民族解放的战斗历程，见证了淮海战役中为祖国为人民牺牲的烈士们伟大的精神，是历史留给后人的宝贵财富。我们一边干着，一边听着，觉得自己的责任重大，下定决心要好好保存。虽然气味难闻，虽然房间密不通风，但我们还是坚持着。大家同心协力，经过两个多月的努力，终于完成了文物库房的搬迁工作。看着整理好的库房，大家都很高兴，付老师露出了开心的笑容，她说："真没想到，在自己退休之前，还能看到崭新的库房。"

2011年8月，付老师退休了。文物库房的工作由我和同事王瑶一起负责，我们俩还在继续完善着库房里的其他工作，争取将库房工作做得更加规范。

（王　洋）

一次难忘的征集

第五篇 纪念馆人故事——让历史在我们手中传承

徐州——郑州——昆明，坐汽车，转火车，共53个小时，29个小时的硬板凳，头贴到宾馆的枕头上时，才知道这就是幸福。那是2004年9月19日清晨8时，经过3天3夜辗转，我和付红大姐，来到了春城昆明。那年，付红大姐48岁，参加工作28年；我28岁，参加工作4年。

驻昆部队解放军第14集团军曾参加过淮海战役，此次到昆明，我们的目的就是走访曾参加过淮海战役的老兵，征集文物。接站的是段老。段老名文慧，淮海战役时是中野4纵11旅31团的记者，当年17岁，现在已是73岁的老人了。"几年来只听到您老的声音，今天终于见到您了。"付红大姐握着段老的手说。段老与付红大姐很早以前就认识。6年前段老编撰中野4纵《在震撼世界的决战中》一书，付红大姐曾为他提供过照片。此后，他多次来信邀请我们到

2004年，纪念馆工作人员来到昆明征集文物，受到驻昆部队淮海战役老首长、老战士的欢迎，第一排右2为本文作者，左2为付红大姐

昆明。2004年，正值淮海战役纪念馆筹建新馆时期，为征集到更多的文物资料，我们来到了昆明。

中午，我们受到了成都军区原参谋长张秀明首长的热情款待。淮海战役时，他是一名侦察兵。首长十分和蔼，微笑着与我们俩交谈着。首长告诉我们下午他约了一些战友座谈。下午3点，9位参加过淮海战役的老兵如约来到会议室。一见到我们，他们就鼓起掌来。七八十岁的老人，为两个纪念馆的普通员工鼓掌，我心里生出了很多感慨。马夫可老人淮海战役时是负责编撰宣传小报的前线记者，他发言的第一句话是："再晚来五年，你们什么也拿不到了。"一句话，让我们明白了这掌声背后的含义。

简短的介绍后，老人们开始侃侃而谈，我们认真地倾听着，快速地记录着，笔锋随着滔滔不绝的讲述沙沙地滑过指尖。老人们讲述着他们的战斗记忆，战争的感慨，更多的是对牺牲战友的怀念。虽然事先首长约定好了，每人15分钟发言时间，但每一位都言犹未尽，其中一位叫马泽民的老人在那天座谈后又专程找到我们讲述了他没有讲完的故事。

走出会议室时，我看到院子墙壁上的爬墙虎红绿相间，好像我

座谈会上，淮海战役老战士、成都军区原参谋长张秀明首长（左1）讲述了他的战斗经历

们欣喜与唏嘘交加的心情。此后几天，走访干休所，拜访家属，记录再记录，感动再感动，哭了再哭，笑了再笑，成了不变的主题。

"亲人呀，亲人！"在云南省军区小虹山第二干休所和工人新村干休所召开的5次座谈会上，每次都会听到这句话。这些年近耄耋的老兵，大多来自山东、江苏，打完淮海战役后，他们一路南下，一直来到了大西

原中野4纵11旅31团记者段文慧捐献的光荣证

南。而我们来自他们记忆深处的地方，那里有他们的青春，他们的战友。我们的到来，拨动着他们思念和思乡之情。

王争，当年是一位营长，后来担任贵州省军区司令员，在我们到来之前不久首长患上了脑血栓。但已年逾90的首长仍坚持坐在轮椅上，讲述了他的故事。"那天，激战了一个下午，我们营伤亡了100多位英勇的战友。我也负伤了，战役才开始，我就作为无用之人被担架抬到了后方。"讲到这里，首长眼睛湿了。

宋世勋，当年是一名连指导员，一位"活"烈士。"连长牺牲了，我带二三排冲上去，被子弹打在胸口死过去。天黑醒来了，部队上来没看见我。天亮被后面的部队救了。后来，见到团政委，他说，'你怎么回来了？'原来，团里已经把我当烈士，开了追悼会。"讲到这里，首长笑了。

每一段讲述，都是一段鲜活的记忆，都是一场关于生命的赞礼。

拜访老同志家属，我们收获了另一种感动。原中野4纵11旅政委侯良辅的夫人余丹慷慨地捐出了首长的毛毯、照片和书籍。将骨灰埋在淮海战役烈士纪念塔松树下的13旅副政委南静之的夫人

董肃，在病中接待了我们，她说家里有淮海战役期间的日记，在病好之后一定找出来送给我们。还有一位老人捐了一件毛毯，可第二天女儿埋怨母亲，希望自己收藏。我们知道后，虽有些不舍，但还是将毛毯原物奉还。

9月30日，我们踏上了回程的火车，包里满满当当，有15件文物，65张照片，25件史料，4本军战史，6本回忆录，18份书法作品诗词，10余条征集线索。其中多数文物后来被陈列在了新建的纪念馆里，有些还被评为了珍贵文物。但对我而言，一同带回的，远不止这些：有从付红大姐身上学到的征集工作方法，有研究军事历史的方法，有老人们再现的历史情境，还有一样东西将影响我一生，那就是将老一辈的伟大精神传承下去的职责与使命。

（孙　景）

烈士名录背后的故事

淮海战役中,解放军一共牺牲了3万多名烈士,远远超过辽沈战役与平津战役的解放军牺牲人数总和,平均每两分钟就有一名烈士献出宝贵生命。

50多年来,为了让烈士英名永存,纪念馆克服重重困难,将烈士的信息整理成了烈士名录,一代又一代纪念馆人,在为完善烈士名录而不懈努力着。

1959年,纪念馆和纪念塔筹建伊始,建塔委员会工作人员深入部队搜集烈士信息,整理出了烈士名录。由于部队番号的更改或撤销,有些参战部队早已找不到,要搜集到完整的烈士信息相当困难。即便这样,大家也从来没有放弃对烈士名录的完善工作。

"文革"后期,于世景馆长带领五六名纪念馆工作人员前往南京军区抄录烈士名单,一抄就是大半年。工作人员把搜集来的名录进行整合,分类编入账册,标注分类号。1976年,于馆长又

1976年,纪念馆工作人员将搜集来的烈士信息抄在自己制作的本子上,形成了14册《淮海战役烈士名录》

带领工作人员对搜集来的烈士信息进行大规模整理。大家按部队序列把烈士名字、籍贯、部别、牺牲地等信息分类抄写到纪念馆自己制作的本子上,为了方便查询,还制作了名录索引。整理工作历时8个月,形成了计14本的《淮海战役烈士名录》。当时没有电脑,整个过程均为手写,量大任务重,整理编辑过程中的困难可想而知。但时至今日,账册上的分类清晰易辨,字迹整齐秀美,如印刷品一般,仍令人感到震撼。

1995年,经江苏省政府批准在淮海战役烈士纪念塔围廊南北两侧镌刻《淮海战役烈士英名录》。在此期间,张明莉、付红两位同志再次前往成都、乐山、重庆等地部队、民政部门核对调查。共确定淮海战役烈士31006名,按姓氏笔画,经电脑编排,略去同姓名者,实刻28391名,永志纪念。

近些年,我们又陆续查证、补刻烈士42名。2013年,我与同事共同编著了《淮海战役史料汇编》中的"英烈卷",在这本书中,我们首次在印刷品中刊录了纪念馆登记在册的烈士英名。由于名录的记载跨越了半个多世纪,同时受当年记录者文化水平所限,许多名字按照谐音书写,甚至将两个字各取一半,合成一个不存在的异体字。这为我们的校对、辨认和审核工作带来了很大的难度。我们一遍遍地将烈士名字与原始烈士的资料进行比对、甄别,并根据十几年工作接待中发现的问题进行修改、增补。每一次改动,我们都会留有记录,便于今后的查阅修改。红、黑、蓝、黄……不同的颜色代表不同的修改类别,一目了然。这是一次抢救性勘定,我们力求做到完善。因此,一个笔画、一个同音字,我们都要仔细斟酌,查实来源。整个过程虽然有些枯燥,但想到这是对烈士及其家人最基本的安慰,历史使命感油然而生,做起来也就更有劲了。

烈士名录册,是历史的铭记,同时也方便了烈士家属的查询。在纪念馆资料室里,有几本不起眼的登记本,上面密密麻麻记录着几十年来的每一次查询信息,多达上千条。一条条来访记录,承载了太多的情感。

2010年,我开始从事文物工作。4年里,我与同事接待了许多烈士家属、战友,他们大多都是"未曾开口泪先流"。耐心的倾听、仔细的查找、详细的记录,是接待工作一直延续的传统,也是我的工作准则。

烈士信息的记载,多则上百字,少的只留下姓名。有时,找不到相对应的名字,我们就会查阅相近名字、战友、同乡的烈士,并积极与相关战斗遗址所在地的民政部门联系,尽可能为其提供相关信息。1970年,一位郑州铁路局职工,前来查询父亲下落。当在纪念塔烈士名录上看到父亲名字后,她双膝跪地,久久哭泣。在工作人员帮助下,她找到了父亲的安葬地——安徽宿县小张庄,此后,她的家人每次路过宿县,都会朝那个方向磕几个头。2013年,69岁的马玉峰老人带着已故家人的嘱托,四处寻父,当在纪念馆烈士名录上找到父亲的信息后,老人泣不成声,他说这是他一辈子的梦,终于实现了母亲要父亲"魂归故里"的心愿。每次看到这些感人的场景,我们都会为之动容。"人死了,就剩下一张纸,他们的家人得有多么悲痛?我们能做的,实在是微不足道!"这是老一代资料室工作人员常说的一句话。

2013年,69岁的马玉峰老人带着已故家人的嘱托,四处寻父。当在纪念塔的烈士名录墙上看到父亲的名字时,老人身鞠三躬,说他终于实现了母亲要父亲"魂归故里"的心愿

我从事文物工作，虽然只有4年时间，但时常被烈士的事迹、烈士亲人的遗憾和老一代工作人员的认真态度而感动。也许我们无法完整地收录和提供每一位淮海战役烈士的信息，许多无名烈士也淹没在了岁月的尘埃里，但一代又一代纪念馆人将秉持一颗虔诚的心，尽自己最大所能，用"细心、耐心、爱心"的工作态度，抚慰烈士后人、告慰烈士英灵、宣扬烈士精神。

（王　瑶）

纪念馆新馆建设中的小插曲

淮海战役纪念馆胜利厅位于新馆二楼，这里陈列着在中国土地革命、抗日战争和解放战争中被广泛使用的各式明星武器：有120化学迫击炮、三八大盖式步枪、司登式冲锋枪、七九中正式步枪、捷克式轻机枪等。其中最吸引游客的是两尊大炮——美式105榴弹炮和美式75山炮。这两尊大炮体形庞大、造型独特，吸引了许多前来参观的群众在此拍照合影，流连忘返。

细心的观众会问："这两尊大炮是怎样来到纪念馆二楼的呢？"大炮不长翅膀自然不会飞，它是纪念馆陈列部的工作人员用手抬、用肩扛，一步一个台阶硬生生地给搬到纪念馆二楼的。

2007年5月，新馆开馆在即。由于任务重，工期紧，为了抓进度，抢时间，新馆建设采取了土建和陈展两条线交叉施工的办法。这样固然使施工速度大大加快，但这也给陈展工作带来了诸多不便。当老馆陈列的两尊大炮还没

淮海战役纪念馆采用展出的美式105榴弹炮和75山炮是纪念馆工作人员先拆再装、手抬肩扛的方式抬到展厅的

能按照原计划由大吊车吊装到位时，土建工程新馆大楼主体已经封顶。那么，怎样才能将大炮安放进纪念馆里呢？纪念馆领导将大炮上楼的艰巨任务交给了陈列部陈展组。

接到任务后，陈列部赵维阁主任找来了技术员李欣善和我商量起来。我们先查看路线，然后设计方案，在随后的讨论中，发现总有不足之处，一个又一个方案被提出又被否定。最后大家一致决定用最老、最笨但也是最有效、最直接的办法——发挥淮海战役支前民工不怕苦不怕累的精神，用人搬肩扛的办法，把大炮搬上楼。

要用人工把大炮搬上楼，首先要将大炮拆分开来，这就需要专业人员和专业工具，于是我们找到了驻徐某部炮兵旅的火炮修理所寻求帮助。该所派来了十几个身强力壮的小伙子，加上我们陈展组的同志开始了大炮的拆分工作。只见大家用手中的各种工具，或拧，或扳，或砸，或扣，忙得不亦乐乎，整整忙活了一天，两尊大炮终于被拆分成十几个部件。

接下来就要进行搬运工作了，大炮虽然被拆分开来，但是每个被拆分开的部件依然十分沉重，动辄成百上千斤。我们就地取材找来了工地搭脚手架的铁管和粗麻绳，先用绳子将部件牢牢固定住。然后插入铁管，12个人分成4组，喊着号子，一步一挪地将部件架出老馆，装上卡车，转运到新馆，再走楼梯搬运到胜利厅。

经过两天的努力，两门大炮的大部分组件被我们抬进了展厅。可是最艰巨的任务摆在我们面前，就是105榴弹炮巨大的炮管该如何运送，要知道炮管铸造得十分精密，因为要抵抗炮弹发射时产生的巨大的膛压，火炮的炮管都由特殊钢材制成，体量十分巨大，重量接近两吨，特别令人挠头的是它根本无法拆分。大家先用老办法拴绳固定后插入铁管，憋足了力气，喊了一声口号"起"。只听"啪"的一声响，大拇指粗细的麻绳竟然断裂开来，而巨大的炮管稳稳地坐在地上，依旧纹丝不动，惊得大家直咋舌。稍稍休息一会儿，我们又找来了两根更结实的绳子，重新拴紧固定后插入铁管，大家蹲

2007年建成的淮海战役纪念馆是目前全国最大的陆战纪念馆

好马步，一起高喊"起"，这时我们惊奇地发现我们肩头的钢管由于受不了巨大的压力，变成了"V"字形。而巨大的炮管只是稍微晃动了一下身子，根本抬不动，大家不禁目瞪口呆。我们决定增加人手，采取多穿钢管的办法应对。增加了6个工作人员，多插了3根钢管。大家围着炮管站定，一起使劲，巨大的炮管终于摇摇晃晃地被我们抬了起来。当炮管被我们抬上卡车时，突然一斜，撞在卡车的护栏上，卡车的铁质护栏竟然像纸一样歪了过去。众人一起努力绷紧绳子，才没有出现危险。在大家的齐心协力下，两门大炮的所有部件终于被我们用肩膀扛上了展厅。经过火炮修理所技师们一天的努力，大炮被组装完成，望着两门威严的大炮，所有的疲劳和汗水都转化为欣慰。

2007年7月，淮海战役纪念馆新馆建成开放，引起了轰动效应，受到了各界好评。我们的付出也得到了回报。

（孙　澎）

一幅"大画"的诞生

2007年7月,淮海战役纪念馆新馆正式对外开放。巨幅全景画《淮海战役》展现在新馆中心。"震撼!大气!真实!"每一位走进全景画馆的观众都对它齐口称赞。

淮海战役全景画馆为圆柱形密闭堡垒式建筑,直径50米,高23米,是目前世界体量最大的全景画馆。馆内画面高20米,周长150米,画面面积3 000平方米,地面塑型1 491平方米,画布加上油画颜料重达6吨,由鲁迅美术学院集体创作。艺术家们运用绘画

全景画《淮海战役》绘制现场。画家们在高20米的画布前,站在升降机上作画

技巧中的透视法则,创造了开阔的空间,选取了淮海战役3个主战场作为创作背景,以写实的艺术手法,运用油画、塑型、声光电多媒体技术,配合直径17米的中心旋转观景平台,真实地再现了1948年11月6日至1949年1月10日淮海战役碾庄、双堆集、陈官庄三大战场的战斗场面和广大人民群众踊跃支援淮海前线的恢宏画卷。地面塑型与画面的浑然天成,画面人物与场景的栩栩如生,解说声与战争炮火、厮杀声的此起彼伏,形成了真实的三维空间和视觉艺术效果,使人仿佛置身于炮火硝烟、波澜壮阔的战场之中。2009年,全景画《淮海战役》荣获第十一届全国美展金奖,第二届全国壁画展大奖。

早在2002年,鲁迅美术学院就开始接手全景画《淮海战役》的创作任务。他们多次亲临当年战场实地考察、构思,查阅淮海战役史料,询访当地的老人、参加过战斗的老兵以及相关研究人员。反复深入地走访、采风、体味、找感觉,为创作奠定了扎实的基础。2004年,创作组开始着手创作,历时两年,他们先按照1:10的比例画出草图,然后反复修改,征求意见。2005年底,素描方案经专家论证审查最终定稿。2006年12月27日,艺术家们开始进入全景画馆,在画布上现场作画。

画布由上海织布厂特殊定制,是一块完整的无接缝圆柱形苎麻布,重达两吨,周长150米。全景画位于新馆最高处,如何将画布安装到位成为首个难题。经纪念馆工作人员与创作组协商后,调用了150名部队官兵,1米1人,两排纵队,形成两条长龙,官兵们用肩膀将画布扛到馆内,再将画布吊装在环形墙壁上。

在绘制现场,艺术家们利用3台升降机、3台支架,在150米长、20米高的画布上进行绘制。这是一场艺术的创作,更是一次技术与体力的考验。创作初期,正值严冬,室内最低气温达到零下4℃,没有取暖设施,艺术家们穿着羽绒服、蹬着大棉靴、揣着电暖炉、戴着护膝，在空旷而冰冷的馆内度过了那年的冬季。创作组长李福来曾感慨道："站在高高的升降机上，画笔一端就是几个小时，一只手画，另一只手就要帮忙搓，以免手被冻僵。披着毯子，抱着怀炉，带着骑摩托车的专用护膝，可还是冷，手都冻肿了，可再冷再冻也不下'火线'，完成这样超高难度的画，不能出差错，这没有充足的体力和坚强的毅力是无论如何也坚持不下来的。"为了尽快完成创作，2007年的春节，创作人员放弃了回家团聚，与纪念馆工作人员一起简单地吃了顿年夜饭，继续坚守在第一线。度过了寒冬，又迎来了夏季的酷暑。馆内4万瓦照明产生的热度，随着升降机的上升而急速加剧。艺术家们正是在以"顽强拼搏"的淮海战役精神创作着这幅巨作。

全景画不单单是一件绘画作品，它是集油画、雕塑等诸多艺术形式于一体的综合体，因此丝毫马虎不得！小到一根树枝，大到车辆模型，李福来组长都要求精益求精，力求从任何角度看上去都十分逼真。这是一幅没有框的巨画，创作者只能在很小的一部分上作画，难度可想而知。同时，创作者要把整个淮海战役过程凝聚成一

7位画家、2位塑型师，5年创作，195个日夜的现场绘制，成就了荣获全国美展金奖的全景画《淮海战役》

幅画，还要表现出历史的厚重和二维、三维空间的完美衔接，难度就更大了，既需要巧妙的构思与处理，又需要创新与细致的完美结合，这俨然是新时期的一场攻坚战啊！

7位画家、2位塑型师，5年创作，195个日日夜夜的现场绘制，成就了全景画《淮海战役》这一精品之作。站在这幅带给人无穷震撼力的巨幅画卷前，我们恍若穿越时空，置身于广阔的淮海战场。在领略60万战胜80万的战争奇迹时，我们要向这幅画的创作者们致敬，是他们的辛勤付出，为纪念馆新馆的建设增添了亮丽的一笔。

（王 瑶）

在迎接文物定级的日子里

2011年秋,纪念馆迎来了自1995年以来的第二次文物定级。这项工作主要由成立仅4个多月的文保部负责完成。

早上8点半,文保部已经开始忙碌起来。这是迎接文物定级的第46天。

我把刚整理出来的文物初选目录和文物鉴定表递给了张明莉主任。"这份命令,我详细看了内容,能反映战时医疗的情况,品相

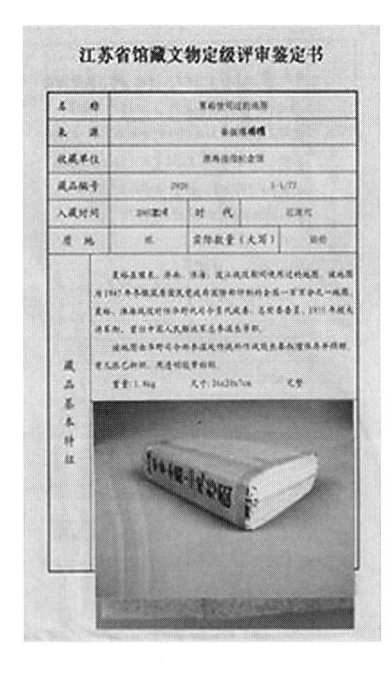

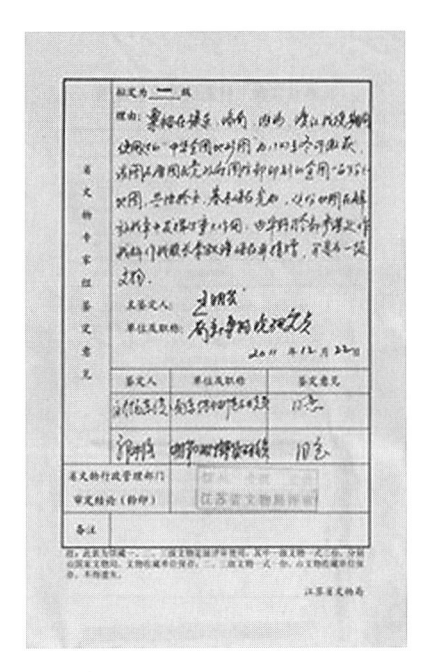

文物鉴定表正反两图

完好,又有印章,可以考虑放在二级里,你看看。"我对她说。"这份《华东军区后勤工作总结》,内容有15页,时间又是在战争结束初期,是历史考证的好材料,看看能否放在一级里。"张主任也挑出一份鉴定表对我说。张主任在纪念馆工作已有36年,对文物非常熟悉。精选文物是最重要的工作,我俩的记录本上已密密麻麻地记满了需要斟酌的事项。既要辨别文物价值,又要把握定级原则,定什么级别,让人煞费苦心。为此,我们制定了《分类比较定级法》,即先初步筛选,再分类权衡,最后协调级别。现在已初选近500件,为了定级别,上上下下又调整了七八十件。这里面最费心的就是4 000多件纸质文物,大多是手写体,字迹模糊,需要花大功夫才能分辨清楚。

"主任,这面奖旗是战后颁发的,上面的部别是不是也换成战时部队的番号?"正在填写鉴定表的王瑶走了进来。她刚参加工作1年多,是硕士研究生,工作认真负责,主要承担人民支前鉴定表的输录工作。摘录文物卡片内容,描述特征,发掘事迹,填写百余件鉴定表后,她俨然已快速地被打造成一个支前小专家。

"主任,这是你要的10份文件,文物编号已经登记好,请你签个字。这些文物重量、尺寸也量好了。"负责库房提取文物的王洋走进来,身上飘着浓浓的樟脑精味,这是库房的味道。今天,她已经来来回回五六趟提取文物。自从第一遍鉴定表在库房集中完成特征的填写后,陆续的核查提取就开始了。库房,成了她的主战场。

郑维主任负责的照片剪裁工作也在有序地进行着。他拿出装裱过字画的专长,一手拿着美工刀,一手拿着直尺,"嘶嘶嘶嘶"4下,刀起纸落,一张照片整齐地从鉴定表中脱落,接着在照片背面用铅笔写下文物编号,按顺序分类放在一旁,地上是裁掉的一沓废表格。负责碑林工作的许传福,也在按照郑主任的方法一板一眼地裁着。这项工作需要站着完成,用力均匀,裁出的照片才整齐。此时,身材魁梧的他已微微出汗,连说:"得歇会,歇会,腿都站麻

2011年12月22日,南京博物院等文物鉴定专家来纪念馆进行文物鉴定,对纪念馆的工作给予了高度评价

了。"200多张照片就这样一刀刀剪裁,齐齐整整地码在一起,等着定稿完成再一张张粘上。照片组的丁苏,是刚工作1个多月的大学生。她正在从电脑里挑出拍得最好的照片,一件件核对,再标注上编号。

新买的打印机"隆隆"地响着,已经定稿的鉴定表需要正反面打印,王瑶娴熟地手工作业,打印出一张,不忘再认真地浏览一遍。

时间分分秒秒的流过,一切都在有序地进行着。

门开了,郭荐主任走了进来。我和张主任不约而同地笑道:"太好了,专家来了,正好请教个问题。"原来有一枚印章,原始的文物登记卡片上没有注明是什么内容,我们也辨认不清。"永城县关庙公社。"郭主任是书法家,很快就辨认出来。这是一件战后的物品,与淮海战役关系不大,不能入选定级。"你真是解惑先生,如果定了级,出了错,可就成历史的笑柄啦。"

夕阳西下,下班的时间已经过了,可大家还在忙碌,而这,只是迎接文物定级日子里普通的一天。

在为文物定级的日子里,大家走近那些尘封的物品,研究它,解读它，认真填写它们的基本特征，哪怕是一个小小的标点符号，也细细甄别。一张发黄的纸，一枚小小的证章，一个破旧的提篮，一件破烂的衣衫，你会发现，原来它承载的是那么厚重的历史记忆。日记里是人们经历战火的心灵慰藉，命令里记录着作战的智慧与勇气，家书里写满了对家人的思念与牵挂，就是那枚小小奖章，也是烈士生命的最后壮举。走近它，读懂它，让更多地人了解它，记住它，也许就是文物定级的终极意义吧。

经过62天的准备，从7 800余件文物中，我们精选出一级文物38件，二级文物174件，三级文物373件，完整填写了文物鉴定表，精心制作了初选目录。最终经专家鉴定，评出一级文物24件，二级文物112件，三级文物334件。专家说，你们的工作做得最细最好。

（孙　景）

我讲解，我自豪

2010年，我怀揣着对工作的热情来到了淮海战役纪念馆。花开花落，经历了刚进馆时业务的生涩和面对游客时的恐惧，转眼间我担任讲解工作已3年多的时间。老师的帮助及游客的肯定给了我莫大的鼓励，使我真正成为一名光荣的讲解员。

在不断的成长中，我逐渐开始承担重大讲解任务。其中一个重要的里程碑是接待第十届政协副主席、原中国工程院院长徐匡迪。刚接到任务时，我既紧张又兴奋，那是我第一次独自面对重大接待。看到领导对我信任的目光，喜悦之情却压不住内心的忐忑。

讲解员赴驻徐某部宣传淮海战役，表演快板《歌颂淮海战役》

提前了解了首长的情况，我重新组织语言，在讲解词的基础上增加了一些首长可能感兴趣的内容。看到首长一直专注于我的讲解，并频频微笑点头，我在整个接待过程中越来越放松，越来越自信，顺利完成了讲解任务。几天后我又接待了原国防部长秦基伟（淮海战役时任中野9纵司令员）的儿子、现任南京军区副司令员秦卫江。让我意想不到也最开心的是，讲到淮海战役的胜利是人民群众用小车推出来的时候，首长突然问我："姑娘，这车你会推吗？"我笑着摇了摇头说不会。首长幽默地说："这车小，推起来却不容易，不光要靠臂力，还得靠屁股的平衡才能推得快而稳。"当时在场的人全笑了。类似这样轻松的互动还有很多，让我在传授了淮海战役精神的同时，又学到很多专业以外的知识。整个讲解过程自然流畅，获得了一致好评，首长及陪同人员都非常满意。这也是对讲解员最大的褒奖。以前业务学习时，前辈教导我们要因人施讲，一直没有感性认识。通过这两次接待，我深刻体会到因人施讲有多么重要，同时也积累了陪同讲解的宝贵经验，让我在今后的讲解工作中更加自信、更加得心应手。

一路走来1千多个日子里，我接待了无数宾客，其中不乏中央领导和外国友人。作为一名讲解员的自豪感也与日俱增。

这种自豪感也来自于我讲解的内容，这才是爱上讲解工作的基础。每当我讲到中央军委毛主席、周恩来、朱德等领导同志在西柏坡运筹帷幄，指挥全军时，总会想到这样一句诗：屋内一盏明灯亮，窗外万树石榴红。看那寒夜油灯下，党中央领导围坐在地图前，或凝神思索，或争执辩论，一面面小红旗移来动去，像燃着的火苗，烧了了碾庄，烧到了双堆集，又烧到了陈官庄，也烧红了窗外的朵朵石榴花。远在千里之外的总前委委员们，粟裕头疼欲裂，行军床上指挥作战；邓小平目光坚定，只要能对付黄维，中野全打光了也是值得的；刘伯承巧妙运用"吃一个、夹一个、看一个"的战术；陈毅指挥若定；谭震林刚毅睿智敢打硬仗。

每当我讲到60万大军浩浩荡荡从四面八方开进淮海大地时,耳边常响起"活捉黄百韬,全歼黄百韬"的震天呐喊声,十名战士用身躯架起的人桥吱吱声,华野战士唱"捷报,捷报消灭了黄百韬"的歌声;看到了共产党员临上阵前在保证书签上自己名字的那份执着和庄严。听,远处传来的号角声;看,一片片熊熊烈火,是阎世华带着战友们用麦秸烧国民党军的坦克。

3年多,上千批的讲解接待,我逐渐摸索出了一套属于自己的讲解方法。例如,面对中小学生要用最简单易懂的语言让孩子们轻松快乐地了解淮海战役。可以用提问的方式,让他们带着问题听讲解,在我的讲解中找到答案。一名中学生曾经这样问我:"阿姨,解放军有什么优势能够60万战胜80万?"一个孩子能有这样的问题我感到十分高兴,并对他说:"听完讲解,你来回答我这个问题好吗?"他点点头,听得非常认真。讲解结束后我问他:"现在知道为什么了吗?"他骄傲地告诉我:"嗯,我明白了,因为有毛主席的英明决策;有解放军英勇善战、不怕牺牲、团结协作的战斗精神;还有老百姓'战士为咱、咱为战士'的鱼水情深,怎能不把蒋介石打败!"

是啊,硝烟弥漫处,最忙碌的是担架队员;简陋病房里,神色凝

讲解员宣誓:用激情成就事业

重的是医生；寒夜油灯下，穿针引线的是后方妇女；而工厂车间里，日夜转动的是机器，熬红双眼的是工人。每当我讲到543万劳苦大众踊跃支前时，眼前又浮现了另一幅画卷：寒冬的深夜里，大雪过膝，吱扭吱扭声响成一片，那是带着破帽，身穿蓑衣的运粮队员在日夜兼程。他们的鞋子已经破了好多洞，而穿的仍是夹衣；磨坊里，老大娘们踮着小脚、弓着腰，围着碾子推来推去，白米面推成了小山，她们却饿得失去了力气；另一边，孩子们兴高采烈，搓着红肿的小手在碾道里大声合唱："儿童团，不怕寒，碾好米来送前线，同志们吃了有力量，消灭敌人不费难。"

所以，当有些海外人士怀疑我们的讲述，对起义的将军不屑一顾，对俘虏摇头叹息，对我们的战士浴血奋战置若罔闻时，我对他们说：得人心者得天下。

而当面对经历过生死较量的老战士、老将军时，除了讲解，更多的还是学习。很多时候他们比我们更了解这段历史，因为他们就是战役的亲历者。这些对于我们80后又何尝不是一笔宝贵的财富呢？我总是能深深地感受到他们对祖国的爱、对人民的爱。记得曾经接待王必成（淮海战役时任华野6纵司令员）夫人陈瑛，在讲到他们的战友为了胜利血洒疆场时，我发现95岁高龄的陈瑛老奶奶眼里涌出了热泪。老一辈革命家用亲身经历教会我顾全大局、吃苦耐劳、严于律己是完成一切工作的根本保证。

作为一名爱国主义教育基地的讲解员，听着孩子们回答出我的提问和观众满意的掌声，看着各级领导、首长肯定的眼神，我也从中收获着成功的喜悦。这就更加坚定了我要成为先辈革命精神传承者、文明传播者的信念。有着这样的信念，我讲解，我自豪！

（殷小涵）

淮塔园林的明珠——青年湖

2001年，大学毕业的我来到了淮海战役烈士纪念塔管理局园林处工作。淮塔园林占地79万平方米，是著名的纪念性园林。园林南边有个人工湖，叫青年湖，可以说是园里一颗闪亮的明珠。从洼地到明珠，青年湖的建设反映出园林面貌的变化；而我，从大学生到园林工作者，见证了为给观众打造良好参观环境，几代淮塔人做出的贡献。

青年湖原是一片洼地，建园后先后在这里栽植了杨树、乌桕等

紧张施工中的青年湖工地

树种,因为低洼积水,都没能很好地成活。1986年,经徐州市政府批准,决定将这里开挖成一个人工湖。那年3月,正是春寒料峭之时,淮塔的干部职工在徐州市2万名共青团员、青年的支援下,动用了260多台次大型机械,经过一年多的努力,在1987年8月,开挖出了一个深2.5米、水面12 000平方米的火炬形人工湖,共计挖土25 000立方米。同时,在湖畔整理出了一块600平方米的草坪场地,采取掺炉渣和细沙、施用有机肥的办法对贫瘠土壤进行改良,为绿化打下了基础,青年湖景区初步形成。1990年,单位多方争取到绿化经费14万元,实施了青年湖景区绿化施工,共整理3 000立方米土方,堆积小土山一座,湖区周围栽植四季花木1万余株,铺植天鹅绒草坪6 000多平方米,铺设1000米供水管线,保证了抚育管理及浇水灌溉的需要。在精心管理下,这片难以绿化的洼地终于改变了面貌。这项工程被评为徐州市十佳绿化工程和江苏省优秀绿化工程。

2004年,青年湖迎来了第二次改造。随着淮海战役纪念馆新馆的开工建设,青年湖建设再次被提上了工作日程。新馆的位置选在了园林最南端,青年湖北侧,以达到濒湖而立的效果。根据新馆建设需要,我们拆除了青年湖周边的置石、花架、游乐设施,移栽了湖边的花木。新馆建设完成后,我们又重新规划设计了青年湖的水岸线,修葺了湖边驳岸。但由于种种原因,此次改造的青年湖虽有一定的景观质量,但仍然存在湖中杂物较多,淤积层较厚,湖水浑浊以及驳岸生硬等问题。

对青年湖的彻底改造是在2011年。那一年,徐州市政府在全市范围内实施引水上山工程。这为青年湖的改造带来了契机。这时,我来到淮塔工作已整整10年。这次改造也是我将多年所学运用在工作中的一次具体实践。我和同事们一起设计了规划方案,确定了改造的基本目标。经过反复论证,最终形成改造方案:一是彻底整治湖床,科学进行湖床竖向设计;二是依据亲水性原则对驳

碧波荡漾、绿树叠石的青年湖

岸进行改造，创造宜人景观；三是彻底改变绿化格局，使绿化景观与纪念馆建筑更加协调。经过2012年近一年的紧张施工，相继完成了湖床清淤整治、边坡修整加固、景观石驳岸施工、湖中岛堆砌、亲水平台铺设、不锈钢护栏安装等工程。

改造工程时间紧、任务重、工程量大，仅叠石一项，工程共计2000余吨，土方清理达到5000方。淮塔的干部职工，特别是我的同事们放弃了周末和节假日的休息时间，早到晚归，还经常到徐州及周边地区考察，从石材到水生花卉苗木，反复比较，精心挑选。尤其是驳岸石选材过程中，经常往返于安徽宿州、灵璧等地，常常早上去半夜回，以保证工程质量。在平台石材及栏杆扶手上更是严格要求施工方精细施工，以做到美观、坚固、安全。一年的时间，大家加班加点，任劳任怨，付出了辛勤的劳动。

如今，通过自然石驳岸、草坡驳岸、植草砖驳岸等多种驳岸形式，创造了生动自然的驳岸景观。通过平台、园路、台阶、叠水等组织规划游览路线，根据遵循生态原则，我们还规划设计了湖中岛、湿地等可渗透界面及水生植物栽植区等。2013年春天，我们又精心组织了外围绿化施工，栽植乔灌木近300株，铺植了4000多平方米的天堂草草坪，栽植了2000余平方米的麦冬，还在湖边栽植了各色水生植物50多个品种2万余株。改造后的青年湖，岸边桃红柳绿，莺歌燕舞，水面碧波荡漾，菡莲争放，水中锦鲤游弋，成了淮塔园林的一颗明珠。而我，也在这次改造中得到了锻炼，理解了在纪念性园林工作的意义。

（麻亚军）

淮海战役烈士纪念塔碑文

公元一千九百四十八年十一月六日至翌年一月十日，中国人民解放军在以徐州为中心，东起海州，西止商丘，北自临城，南达淮河的广大地区，进行了伟大的淮海战役。

淮海战役是在中国人民解放战争战略决战胜利展开之际发动的。国民党反革命军队南线主力猬集徐、海、蚌地区，妄图阻止人民解放军南下，屏障反动统治巢穴南京，疯狂挣扎，挽救其垂死命运。华东、中原两大野战军和华东、中原、华北的地方武装共六十余万人，在中国共产党中央委员会和毛泽东主席的英明领导下，会师淮海，决战中原，以气吞山河之势，首歼海州西撤敌军主力劲旅于碾庄圩，继歼豫南来援之重兵于双堆集，再歼徐州倾巢西逃敌军于永城地区。在强大的军事打击和政治攻势面前，敌军四个半师先后起义。这次战役，人民解放军浴血苦战六十五昼夜，共歼灭敌军五个兵团、二十二个军、五十六个师，计五十五万五千余人。至此，蒋匪南线精锐部队被歼净尽，江、淮、河、汉广大地区遂告解放。这一战役，连同辽沈战役、平津战役的伟大战略决战的胜利，从根本上动摇了美帝国主义扶植下的蒋家王朝的反动统治，为中国人民解放军横渡长江、直捣南京、席卷江南、解放全中国奠定了胜利的基础。

淮海战役的胜利，是毛泽东同志伟大军事思想的光辉体现，是人民解放军和广大人民艰苦奋斗、英勇善战的结果。战役中，参战部队全体指战员敢于打大仗、打硬仗，不怕敌人的飞机、大炮、坦克、毒气，冒风雪，涉冰河，架人桥，闯火阵，逐村逐屋激战，一沟一堡争夺，前仆后继，奋不顾身，表现了一往无前，压倒一切敌人的英雄气概。被解放的蒋军士兵，立即加入人民解放军行列，控诉国民党反动派罪行，调转枪口，杀敌立功。华东、中原、华北地方党政机关和广大人民全力支援，要人有人，要粮有粮；二百万民兵、民工，冒枪林弹雨，忍风雪饥寒，千里远征，随军转战，对战役的胜利作出了巨大的贡献。

淮海战役中，许多中国人民的优秀儿女为人民解放事业献出了宝贵的生命，立下了不朽的功勋。烈士们的高风亮节激励着我国人民在建设社会主义和共产主义的壮丽事业中奋勇前进！

英雄们的伟大业绩与日月争辉！

烈士们的革命精神万古长青！